赢在全渠道

运营方法与实践

孙一晖　郭婧◎著

电子工业出版社

Publishing House of Electronics Industry

北京·BEIJING

内容简介

本书结合"取势、明道、优术"的道家思想，阐述全渠道运营的理念和方法，通过"实践—理论—实践"的路径，将积累的经验形成知识螺旋，依照"认知—构建—运营—创新"的逻辑顺序，对企业构建全渠道和全渠道运营方法论进行阐述，并分析了全渠道在生命周期中不同阶段的实施方法。同时，本书结合多家企业的案例故事，阐述卓越企业的成功之道。

本书适合零售企业的高层管理者阅读，帮助他们更好地理解全渠道运营和全渠道运营方法论，为企业构建全渠道提供思路；也适合对全渠道运营感兴趣的运营人员阅读，为他们的工作提供参考。

图书在版编目（CIP）数据

赢在全渠道：运营方法与实践 / 孙一晖，郭婧著 . —北京：电子工业出版社，2020.4

ISBN 978-7-121-38841-5

Ⅰ . ①赢… Ⅱ . ①孙… ②郭… Ⅲ . ①企业管理—运营管理—研究 Ⅳ . ① F273

中国版本图书馆 CIP 数据核字（2020）第 048246 号

责任编辑：宋亚东　　　　　　　　特约编辑：田学清
印　　刷：天津千鹤文化传播有限公司
装　　订：天津千鹤文化传播有限公司
出版发行：电子工业出版社
　　　　　北京市海淀区万寿路 173 信箱　　　　邮编：100036
开　　本：720×1000　　1/16　　印张：13.5　　字数：153 千字
版　　次：2020 年 4 月第 1 版
印　　次：2020 年 6 月第 2 次印刷
定　　价：79.00 元

凡所购买电子工业出版社图书有缺损问题，请向购买书店调换。若书店售缺，请与本社发行部联系，联系及邮购电话：（010）88254888，88258888。

质量投诉请发邮件至 zlts@phei.com.cn，盗版侵权举报请发邮件至 dbqq@phei.com.cn。

本书咨询联系方式：010-51260888-819，faq@phei.com.cn。

全渠道运营是一场永远在路上的零售业变革

伯俊运营团队编写了一本书——《赢在全渠道——运营方法与实践》，邀我写一篇序言。我放下电话，心想一个 IT 企业为什么如此积极地涉猎全渠道运营领域？我快速地看完了本书，迎着拂面而来的初冬晚风，不禁释然，"赢在全渠道"其实就是"赢在信息化"，由 20 年来专注于零售业信息化服务的伯俊运营团队来编写这本书是恰如其分的。

在过去的 20 多年里，中国经济以让人瞠目的速度高速发展。与此同时，我们也积累了很多结构性问题。直白地说，近几年来，零售业的高速发展已经越来越难以为继。究其原因，一句话，市场供应总量远远大于市场需求总量，很多生产出来的商品因为没有满足或者在很小程度上满足市场需求而成为无效、低效商品，被迫折价，或者被低于成本价销售，从而造成巨大的损失。

不过，我们也看到，宏观上总供给大于总需求并不意味着微观上每个个体的需求都被满足了。只不过，在相邻相近时间、相邻相近空间（包括地域空间和网络空间）的成规模的未被满足的需求没有了，剩下的未被满足的需求对目前工业化的大规模供应能力来讲，都是无法盈利的长尾。打个比方，在经过多年的开采后，富矿已经没有了，剩下的都是贫矿，而且贫矿的总量巨大。

传统的零售业对应的是工业化时代。工业化的要义就是集中起来进行大规模标准化生产，以求得单个商品的成本最低化。这种大规模标准化生产只能满足消费者的共同需求，体现在零售场景上就是商品被集约化地在百货公司、大卖场陈列好，供广大消费者集约选购。

在市场上的成规模的需求基本被满足之后，下一步可持续增长就只能是在贫矿中选富矿了。重构供应链，降低一个批次的最低生产量，同时利用信息技术全方位分析目标消费者，保证原先长尾中的需求量高于重构供应链后的最低生产量，进而发掘新的有效需求，然后组织精准生产并迅速满足目标消费者的需求。

从根本上讲，全渠道运营就是一场以信息化为手段、以消费者需求为导向、重组企业各资源要素的变革。这场变革不是静态的，而是长期的、艰巨的。长尾中首先被发掘的总是共同性相对较高的个性需求，随着消费者的需求不断被满足，越往后有效需求的发掘就越难，这非常考验企业的全方位数字运营的能力。企业不仅要了解消费者能够清晰描述的需求，还要了解消费者潜在的需求。即使企业成功发掘并满足了某个有效需求，也不能沾沾自喜，因为很快你的模仿者就跟上来了。全渠道变革永远在路上。

在本书中，伯俊运营团队在总结其多年服务于各零售企业的经验的基础上，深入浅出地讲解了全渠道运营的理念和方法，短小精悍，值得一读。

沈文峰

2019 年冬月于上海

为什么编写本书

在信息泛滥的时代，没有人愿意看长篇大论，本书作者本着写作风格简洁，提纲清晰，要点鲜明，不在概念上高谈阔论，强调实战、实用的原则编写了本书。因此，本书注重的是"干货"分享，由本书作者积累多年的实践经验和推广心得凝结而成。

从开始计划编写本书，直到付梓，历经两年的时间。在繁忙的工作中，能够支撑本书作者写完本书的原因有三个：

第一，企业对新零售的渴望，但全渠道运营是开展新零售的基础，因此，要先进行"基建"——全渠道运营。

第二，全渠道运营是企业打造的适应瞬息万变的新时代的能力体系，是企业全渠道建设"落地"的重要保障。

第三，全渠道"理解容易落地难"，需要"内功心法"，而且市面上缺乏实战的书籍作为指导，使得企业依靠自己的摸索走了很多弯路。

本书架构

本书希望在日趋多变（Volatility）、不确定（Uncertainty）、复杂（Complexity）、模糊（Ambiguity）的环境中，能够更快速、更高效、更直接地为企业提供转型的指导，通过全渠道运营的理念和方法，为企业提供更多有价值、有实效、有深度的整体视图。本书依照"认知—构建—运营—创新"的逻辑顺序组织内容，共分为五章。

全渠道不仅是企业的一种行为，还是企业的一种能力和特质。从2013年起，我们与诸多企业联手，深入开展全渠道各方面的合作，包括业务咨询、技术支持和全渠道运营，并在这个过程中剖析全渠道对品牌经营发展各个环节的影响，从中总结经验与吸取教训，通过"实践—理论—实践"形成知识螺旋，萃取精华，将"是什么—为什么—怎么做"提炼成全渠道行动指南。笔者结合"取势、明道、优术"的道家思想，以飨读者。

取势——全渠道认知

本书返璞归真，从认知角度出发，一开始就追本溯源，并试着弄清楚全渠道的本质所在。什么是全渠道？在全渠道中最重要的是什么？是什么激发了企业变革全渠道？究竟应该如何运营？当企业思考变革全渠道时，这些本质所在就变成了关键，而作为项目的发起人，必须去解决这些问题。这也与物理学中"第一性原理"（First Principle）的思考方式一致，即一层层地剥开事物的表象，看到里面的本质，再从本质一层层地往表面走。

全渠道介于传统与创新之间，不必是一场零和博弈，无须拼出一个做与不做的结果。企业真正应该关注的不是技术具备多少功能，而是培育出多少种能力，让企业在新浪潮中立于不败之地。在企业开始实践全渠道时，不仅需要明确理解全渠道的内涵和本质，知晓什么是全渠道、全渠道的由来、品牌通过全渠道通往哪里，更需要全员参与并达成共识，真正理解为什么需要做全渠道。全渠道不再是一种选择，相反，它应该成为零售行业取得成功的必备条件。

明道——全渠道构建

全渠道已经成为优秀企业在 VUCA 环境中立于不败之地的重要保障，企业需要打造富有吸引力的新零售，全渠道是基石。因此，企业面临残酷的抉择：要么进行全渠道改造，要么"坐以待毙"。企业想要成功地落地全渠道变革，就必须重新审视自身基因，寻找合适的切入点作为起步。

在全渠道构建过程中，有解不完的复杂难题，过程永远需要实践。从2013年至今，实践虽然不同，但隐藏在背后的本质道理、企业抉择都是一样的。从电商时代到互联网时代，从以渠道为王到以商品为王再到以消费者为核心，全渠道构建过程展现了企业真实的变革过程，企业可以从全渠道构建路径中的不确定性探索所有的可能。

由于企业基因的不同，全渠道构建是没有标准答案的，但是企业从全渠道构建中孕育出了一种运营思维的能力。摒弃冷冰冰的工具思维，拥有全渠道运营思维才是一家企业能够应对瞬息万变的未来的应有之义。

优术——全渠道运营

如何应对全渠道落地过程中的冲突，权衡其中的矛盾，更能体现出一家企业的传统运营体系是否健全。全渠道是否能够顺畅落地，其关键在于企业的全渠道运营体系的搭建，它是复杂的、体系化的、流程化的一系列规则和准则。企业在变革之后，仍然需要回归商业本质，保持品牌初衷，同时又要适应市场环境的瞬息万变。

本章将探讨的是如何构建全渠道运营体系，它不单纯是一套系统，更是业务领导者和员工能够使企业与消费者实现共生、共创、共赢的局面和结果，这是一种基于各种场景和具体认知能力的动态协同。很多企业迈出了重要的一步，有些企业已经被视为所在领域的领跑者，他们采用更为系统的方法，推动整个企业文化和流程的创新。本书所描述的不少案例揭示了卓越企业的成功之道。

未来——企业的数字化运营

随着全渠道转型的不断推进和落地，企业未来的发展方向是数字化运营。数字化运营虽然范围很广，但应回归商业本质，因此需要通过数字化不断地提升消费者的体验和黏度、提升品牌价值、优化运营效率。

行文至此，你可能会感叹：在企业面对数字化运营做出"直觉"决策之前，还需要做什么准备呢？对于刚刚接触数字化运营的企业而言，数字化运营虽然略显繁复，但我们理应纠正思维、投入精力、长期训练，最终将这种能力植入企业内部，以适应市场环境。

本书既提供了全渠道运营的重要工具，也展现了新商业的特征。全渠道运营体系是伯俊运营团队历经多年，同各零售品牌企业在全渠道模式探索过程中提炼的方法论。这套全渠道运营方法论是一套完整的、体系化的方法论，这将有助于企业对当前的全渠道问题进行价值量化，并基于企业自身基因，从复杂的全渠道逻辑中识别出能力差距并做出优先排序。

关于全渠道运营，企业都有自己的目标，伯俊运营团队提供的系统化的全渠道运营方法论，不仅可以帮助企业提高运营效率，还可以帮助企业按照每个品牌的不同发展阶段，制定不同的目标，从而实现与品牌商建立长期合作伙伴关系的愿景。

读者服务

微信扫码回复：**38841**

- 获取博文视点学院 20 元付费内容抵扣券；
- 获取免费增值资源；
- 加入读者交流群，与更多读者互动；
- 获取精选书单推荐。

轻松注册成为博文视点社区（www.broadview.com.cn）用户，您对书中内容的修改意见可在本书页面的"提交勘误"处提交，若被采纳，将获赠博文视点社区积分。在您购买电子书时，积分可用来抵扣相应金额。

目录

第 1 章 "取势"——全渠道认知　　001

　　纵观世界零售行业发展历史，每一次零售变革都伴随着新旧业态的更替，旧业态走向没落而新业态逐步崛起，其背后推动力是一系列新技术的出现和应用。伴随着移动互联网和人工智能技术的发展，在 2009 年专家第一次提出了全渠道零售（Omni-Channel Retailing）的概念。全渠道零售的概念界定，一方面可以从社会学视角进行解释，另一方面可以从管理学视角进行阐释。

第 2 章　"明道"——全渠道构建　039

随着信息技术的发展和全渠道消费者的崛起，零售行业进入了多种零售形式并存的全渠道时代。在全渠道模式下，零售企业的线上渠道和线下渠道之间如何打通，物流体系如何与多个渠道匹配，如何促进不同渠道、渠道和物流体系共生与协同发展，是零售行业正在面临的问题。

本章从构建全渠道需要具备的条件、全渠道的构建方法和影响方面入手，全面系统性地阐述全渠道的构建方法，希望这些内容对零售企业开展全渠道转型有一定的启发。

第3章 "优术"——全渠道运营　089

零售企业在进行全渠道转型的过程中，往往会面临各种各样的问题，这些问题的解决离不开企业的全渠道运营体系的构建。在企业进行全渠道转型的过程中，技术是0，运营是1。完善的全渠道运营体系，是企业的全渠道转型成功的关键所在。

本章从全渠道运营的必要性、构成、实施方法入手，并结合伯俊运营团队5年来的全渠道运营经验，全方位地阐述了企业的全渠道运营应该如何做，希望对企业构建全渠道运营体系有所帮助。

第 4 章 "立本"——品牌的未来 169

数字技术已经重新定义了人们的生活方式，数字的力量促使行业间进行着前所未有的相互渗透，并从根本上改变了竞技模式。为了在严峻的竞争环境中立于不败之地，企业需要为消费者打造富有吸引力的购物体验，形成关注点，为新的工作方式提供专业技能和设备。企业通过数字化运营，展望未来，建立试点，深化能力，以及统筹新的生态圈，推动这一过程不断前进。

第 1 章

"取势"——全渠道认知

　　纵观世界零售行业发展历史，每一次零售变革都伴随着新旧业态的更替，旧业态走向没落而新业态逐步崛起，其背后推动力是一系列新技术的出现和应用。伴随着移动互联网和人工智能技术的发展，在 2009 年专家第一次提出了全渠道零售（Omni-Channel Retailing）的概念。全渠道零售的概念界定，一方面可以从社会学视角进行解释，另一方面可以从管理学视角进行阐释 [1]。

1.1　全渠道的起源

1.1.1　什么是全渠道

1. 全渠道的概念

2009 年，美国 IDG 数据咨询公司在当年的零售研究报告中最先提出"全渠道零售"的理念[1]。该报告指出，全渠道消费者（Omni-Channel Shopper）是多渠道消费者（Multi-Channel Consumer）动态演进的结果。这种新型的消费者在消费时会同时关注并选择多种渠道，而不像传统的消费者在平行的多种渠道中选取其中的一种渠道。"全渠道零售"理念真正引起全球实业界和学术界的广泛关注是在 2011 年，在这一年，美国贝恩咨询公司的研究员 Rigby 在《哈佛商业评论》上发表了文章 *The Future of Shopping*。该文指出，全渠道零售是零售商将线上与线下的零售店铺整合，从而提升消费者购买体验的策略。可见，全渠道零售是一种全新的零售形态，不仅要对线上、线下渠道进行全面整合，保留各渠道的优势，同时还要在满足消费者购买需求的基础上进一步丰富消费者的购买体验[2,3]。

全渠道零售是随着消费者的购物方式的变化而发展的，也就是说，全渠道零售是对消费者全渠道购买策略的重新组合。所以，当我们在讨论全渠道零售的时候，常常从消费者的全渠道购买展开。从零售业的发展历程来看，零售业经历了单渠道购物、多渠道购物、跨渠道购物和全渠道购物的发展阶段。传统的零售业以单渠道购物为主；当互联网出现后，多渠道购物逐渐成为可能；当社会化媒体出现后，开始了跨渠道购物的尝试；当移动社会化媒体普及后，人类进入了全渠道购物阶段[4]。

从全渠道的概念来看，全渠道是在新零售的时代背景下，以消费者为中心和重视消费者购物体验的理念的体现，同时也融合了 O2O 的特点，这些年零售企业也在不断地进行一些探索和尝试：

- 技术实现，打通线上与线下人、货、场各系统的环节；

- 互联网营销，不断扩增线上渠道，借助多渠道消化库存；

- 场景创新，缺货销售、线下自提、全渠道退货或换货，利用全局库存，实现自营门店的便捷体验；

- 内容营销，结合品牌定位或热门话题，将内容通过一定方式推送给"粉丝"；

- 消费者分析，根据行业标签、购买力属性、品牌热度等为消费者进行画像，帮助企业进行消费者洞察。

然而，这些探索和尝试都是碎片化的实现，有的企业看到旁人做了，有的企业遇到当下的一些痛点，希望摆脱困局，它们并没有真正地理解全渠道内涵，从全局的角度出发解决问题。

从最初的全渠道系统、全渠道会员、全渠道运营、全渠道业务模式到如今，全渠道的范围已经远远超出企业既定的边界。企业已经认识到，全渠道不仅是企业的一种行为，而且是企业的一项能力和特质。能实现全渠道的企业与不能实现全渠道的企业，在激烈的零售市场的竞争中将有截然不同的表现。

2. 全渠道的特点

全渠道具有全程、全面和全线三大特征。

（1）全程

从消费者接触一个品牌到最终购买的整个流程包括五个关键环节：搜索、比较、订购、体验、分享。在整个流程中，企业需要在每个关键环节做到与消费者保持全程的、零距离的接触。

（2）全面

企业在消费者购买行为发生的整个过程中都可以与消费者进行互动，对消费者行为数据进行跟踪和分析，掌握并预测消费者的购买决策，给消费者提供合理化建议，帮助消费者提升消费体验。

（3）全线

全渠道覆盖包括线下实体店铺、线上电子商务、移动商务渠道等各渠道的融合[5]。

1.1.2 全渠道的由来

1. 零售业的演变

零售业是伴随着人类文明产生的，当人们以物换物时，零售业就已经存在了。在零售业的历史研究中，西方经济学家总结的零售业的四次革命分别是百货商场的诞生、超级市场的出现、连锁商店的兴起，以及20世纪90年代以后电子商务的迅速发展和21世纪初的移动购物模式（信息技术孵化下的零售业的第四次革命），这四次零售业的革命都是在西方国家掀起的[6]，如图1-1所示。相比于西方国家，我国发展现代零售业态较晚，我国从20世纪90年代才开始发展以超市为主导的现代零售业态，但用了仅仅十多年的时间就达到了西方国家需要几十年发展才能实现的规模。新零售业态得到快速发展一方面是因为中国市场拥有非常巨大的潜力，另一方面是因为当时中国零售业以传统业态为主，新业态在出现以后很快就获得了消费者的认可。在替代性的竞争中，现代零售业态比传统业态更具有优势，加上经营者在学习和借鉴国际经验的过程中不断创新，使得超级市场、便利店、品类专业店等新的零售业态成为中国零售业的强势业态。经过四次革命的发展，现代零售业的经营模式有了全新的定位，呈现出全新的发展趋势。

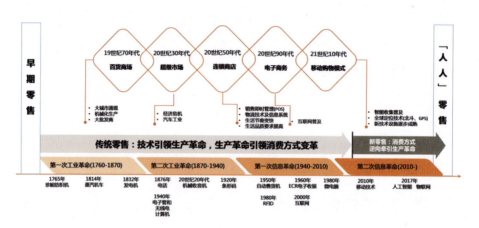

注：图片来自阿里研究院。

图 1-1　零售业发展历程

（1）百货商场

19 世纪中叶，产业革命在西方国家的蓬勃开展，不仅改变了生产方式，也改变了人们的生活方式，商业活动也极大地繁荣起来。各种类型的商场相继出现，零售业由传统的小型店铺形态过渡到大型商场形态。百货商场是商场形态的典型代表，它的产生被称为零售业的第一次革命。学术界称之为"现代商业的第一次革命"，足见其划时代的意义。尽管当时百货商场的具有革新性的经营手法在现在看来十分平常，如明码标价和商品退换制度，店内装饰豪华，顾客进出自由，店员服务优良、对顾客一视同仁，商场面积巨大，陈列商品繁多，分设若干商品部，实施一体化管理等，但这些改革对当时的传统零售商来说，已经是一个质的飞跃。

（2）超级市场

经济危机是超级市场产生的导火线。20 世纪 30 年代席卷全球的经济危机使得消费者的购买力严重不足，零售商纷纷倒闭，超级市场利用租金低廉的闲置建筑物，采取节省人工成本的自助购物方式和薄利多销的经营方针，实现了低廉的售价，因而受到了当时被经济危机困扰的广大消费者的欢迎，从此购物方式的变化促进了超级市场的发展。

（3）连锁商店的兴起

连锁商店是现代大工业发展的产物，与大工业规模化的生产要求相适应。连锁商店的出现实现了提高协调运作能力和经营效益规模化的目标。

（4）电子商务和移动购物模式

在信息时代，网络技术的发展对零售业的影响是巨大的。网络技术打破了零售市场的时空界限，店面选择不再重要，销售方式发生变化，新型零售业态崛起。人们的购物方式发生巨大变化，消费者从过去的"进店购物"演变为"在家购物"，足不出户便能轻松在网上完成过去要花费大量时间和精力的购物过程。在新零售阶段，线上渠道与线下渠道实现了融合。在大数据、云计算和 3D 打印等全新科学技术的支持下，为了满足消费者个性化的消费需求，融合线上、线下、物流的新零售模式成为激活零售市场的关键。

2. 零售渠道的演化路径

从渠道的发展来看，零售渠道的发展经历了四个阶段：一是单渠道购物阶段，二是多渠道购物阶段，三是跨渠道购物阶段，四是全渠道购物阶段，如图 1-2 所示。

图 1-2　零售渠道的发展路径

全渠道购物与"多渠道购物"和"跨渠道购物"不同。多渠道购物和跨渠道购物强调使用多种渠道作为完成销售和订单的一种方式。全渠道购物强调客户可以选择他们认为最方便的模式来获得他们需要的商品，它是多渠道购物和跨渠道购物的升级版，更注重客户的消费体验，以客户为中心。

全渠道购物打破了消费者购物时在时间、空间、渠道等方面的限制，并且满足了消费者购物、娱乐和社交的无缝购物体验需求。所以，全渠道零售是企业为了满足消费者在任何时间和地点使用多种方式购买的需求，进而采取把实体渠道、电子商务渠道和移动电子商务渠道进行整合的方式来销售商品或服务，提供给顾客无差别的购买体验[7]。

1.1.3 全渠道的未来

全渠道是未来的发展之道。如图 1-3 所示，全渠道 = 传统零售 + 电子商务 + 内容。

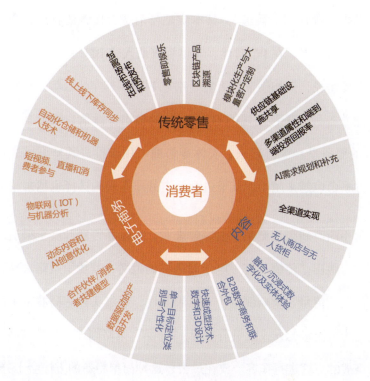

图 1-3 全渠道的未来

我们不应把数字零售进入尾声误解为变革渐缓，而应理解为随着一个时代的成熟，数字零售被新的零售业态取而代之，这就是新零售。数字零售主要是一个前端领域，而新零售则更具有变革性，影响着整个价值链。我们注意到全渠道具有以下三个关键特征：

- 真正以消费者为核心的运营模式；

- 全渠道价值链数字化及整合；

- 使用数据实现更智能和更快捷的商业决策和市场影响。

无论是全渠道还是新零售，其主体始终是实体经济。要发展新零售，我们就必须正确认识"渠道"，其本质是与消费者接触的触点，全渠道代表新零售的多触点。在 PC 时代，实体零售商入驻 B2C 商城成为其布局全渠道的主要途径，例如淘宝、天猫、京东 POP、苏宁云台等。在移动互联时代，随着各种基于移动端的 O2O 工具的推出，微信、喵街、飞凡等基于 LBS 的服务平台流行起来，实体零售商可用于推进其全渠道战略布局的第三方平台也越来越多，其推进全渠道战略布局的选择也越来越多。

尽管不断有新渠道诞生，但综合来看，实体零售商开展全渠道战略布局始终没有跳出"传统零售＋电子商务"的范畴，其竞争策略表现为"流量＋商品"，"流量"策略侧重于人流聚集地，通过实体店商圈带来的流量加上线上购买流量的方式吸引消费者，"商品"策略则通过提升商品丰富程度和价格战的方式进行揽客。放在过去，这种简单粗暴的方法会十分有效，但近两三年以来这种方法的效果愈发疲软，对消费者的吸引力逐渐下降。

事实上，在过去几年里，以小红书、罗辑思维为代表的以内容为导向的小而美的电商平台快速崛起，尽管其体量并不大，但发展速度和影响力不容小觑。同一时期，以阿里巴巴、京东为代表的电商平台不约而同地发力内容化，其目的除了提升用户黏度，更重要的是通过内容的引导将用户需求逐步转化为实际购买力。不难看出，在消费升级的时代，只靠商品丰富度和价格优惠的手段作为引流吸引力已远远不够，在品质生活驱动下的消费者越来越追求丰富多彩的精神文化生活，以及加入各种特定的社群和圈子，由此产生的各种有效内容正逐渐成为新的商品一级分类和客流一级入口。

全渠道＝传统零售＋电子商务＋内容。其中，内容既包括一手资讯、内容导购等常规性的内容，又包括问答等具有互动性的内容。在基于大数据构建的个性化消费场景中，互动性内容将扮演重要角色，它使用户能够更加高效地发现并快速融入兴趣圈子。所以，全渠道零售的特点在于突出内容的重要性，倒逼传统企业在提升供应链和服务效率的基础上重点发力内容，通过内容的桥梁作用使内容与用户强关联已成为其未来的突破方向。

这意味着，现阶段从全渠道着手是传统企业加速转型升级以应对寒冬的重要手段，而不是最终目的。在转型升级的同时，分清主次尤为重要，线上线下谁是主谁是次、谁为谁服务已成为不可回避的重要问题[8]。

1.2　全渠道的意义

全渠道仍需保持零售业本质，即实体店、电商和物流的高度融合，使传统零售的人、货、场在物理空间和时间维度方面得到最大化的延展。事实上，传统企业转型升级的重中之重就是要聚焦零售业的本质，一切围绕商品和服务展开，而不是聚焦令人头晕目眩的新概念、新技术。尽管现阶段互联网、大数据技术可以为实体零售商提供更多的触点，但零售业进化的本质仍然是提升产品和服务水准，否则触点再多也无人问津[9]。

这意味着，全渠道是传统企业加速转型升级和应对危机的重要手段，而不是最终目的。同时，分清主次也尤为重要，线上线下谁是主谁是次、谁为谁服务已成为不可回避的重要问题[9]。

1.2.1　全渠道的本质

1. 不变的零售之本质

回顾零售业的发展历史，无论是处在手工生产力阶段、机器生产力阶段还是信息生产力阶段，每次零售业的变革都是为了更好地提供三个基本功能：售卖、娱乐和社交。无论是集市贸易、百货商场、购物中心、步行商业街还是网上商店、移动商店都是如此。这三个基本功能是零售业永远不变的本质。

因此，无论是厂商还是零售商的零售渠道选择，都必须突出零售的本质。只不过，由于市场供求环境、产品品牌、所处行业特征及定位的不同，售卖、娱乐和社交这三种功能所占比例亦不相同。例如，在旅游、演出等消费场景中，多以娱乐和社交功能为主，以售卖功能为辅；在超级市场和百货商场等以购物为主的场景中，以售卖功能为主，以娱乐和社交功能为辅。对于顾客而言，娱乐有时比购买商品还重要，在日常消费中，人们常常购买许多从来没有用过的东西，但也不后悔，为什么？因为人们享受购买时的乐趣，是娱乐。约上朋友和家人一起去购物，也夹杂着社交的功能，这也是社交网站兼有售卖功能的重要原因之一[5]。试想一下，如果网络和手机购物带来的消费体验的好玩程度甚至超过了看一场电影的体验，那么人们还会像过去那样只在意商品本身吗？

可见，根据零售业不变的本质，全渠道零售规划的核心就是科学合理地选择品牌和店铺的定位，合理调整售卖、娱乐和社交这三个基本功能的实现比例和程度。

2. 不变的零售流构成

在分析零售业发展历史的过程中，我们不仅发现各种零售渠道的三个不变的功能，还发现这三个功能是通过零售流实现的。零售流包含的顾客流（买者的移动）、信息流、资金流、物流和商店流（商店的移动），是永远不变的。零售离开了任何一种"流"，零售活动必然会终止，由于这五种"流"是完成一次最简单交易所必备的条件，因此在传统和现代的零售渠道中，这五种"流"的构成要素也是不变的。换个角度来看，这五种"流"是产品与顾客实现直接接触的点，是顾客感知品牌定位和店铺形象的关键要素，因此实现零售业的本质，就是对这五种"流"进行规划和结构调整，从而实现与定位相匹配的流程效率。图 1-4 表明"零售流"成为顾客购买过程和零售商销售过程的关键接触点。

例如，我们去逛商场，这属于零售流。看到琳琅满目的商品，拿起一件衣服并翻看标签，看衣服的成分、尺码、价格等内容，这是信息流；在离开门店的时候，付钱是资金流；把衣服带回家是物流。在网上买东西也是一样，顾客打开淘宝等购物平台，属于零售流。打开淘宝浏览商品详情是信息流，通过支付宝或微信支付等付款是资金流，通过快递送到指定地点是物流。互联网的出现，使线下的零售结构发生了巨大的改变。例如，顾客在网上某品牌旗舰店看上了一件连衣裙，但是不知道上身效果如何，于是顾客到线下实体店进行了试穿，试穿后效果还不错，同时顾客发现这件衣服在网上的价格低于线下实体店的价格,于是在网上下了订单。所以,在互联网出现之后,零售结构发生了一个重要的变化,上述例子中的顾客流从线上到线下又返回到线上,信息流(线上浏览详情,线下实体店试穿衣服)是通过线上渠道和线下渠道完成的,资金流也就是交易是在线上完成的,通过快递送到家是物流。因此,在现阶段,顾客流、信息流、资金流、物流和商店流这五者被重构了。

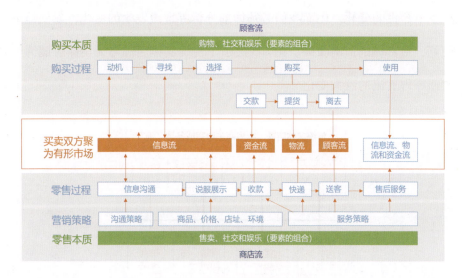

图 1-4 不变的零售流构成要素

总而言之,所谓的全渠道就是更高效率的零售,就是不断把零售流所包括的五个"流"进行整合的零售模式。

3. 巨变的零售流内容

传统的零售实体店铺多以商品的采购、运输、储存、陈列、展示等为主要活动内容，即商品本身的移动成为零售业的常态。但是，随着互联网和移动互联网技术的快速发展，现代零售业更多地是以信息的采集、传递、加工、展示等为主要的活动内容，即信息的移动成为零售业的常态，顾客也更加重视在消费中得到什么信息，因为信息决定着商品的质量和价格，这使得信息成为影响顾客购买决策的重要因素，而商品的移动成为零售的隐性行为。这种改变影响了零售五流的内容和行进路线，也促使零售业发生了革命性的变化。因而我们必须详细分析零售流发生的变化，以便提供更好、更具体的应对策略。图 1-5 展示了传统实体店铺与无实体店铺情境之间零售五流的巨大变化[5]。

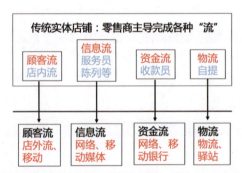

图 1-5 传统实体店铺与无实体店铺情境之间零售五流的巨大变化

（1）顾客流和商店流

在传统零售情境下，商店在建设之初可以通过合理的选址来实现移动，但缺点是在建成后不能移动，商店被固定在一个有限的空间之内，进入这个有形商店的顾客才会被称为"顾客流"，其典型的特征是"顾客流店不流",顾客找店铺。在现代零售情境下,零售店铺已经无形化、二维化(类似于广告牌),通过手机商店还实现了店铺的移动化,就像人的影子一样与顾客相随(可以称其为影子商店),方便顾客随时随地完成购买行为。这说明人们不进有形店铺也可以成为顾客流,突破了有形店铺原有的时空限制,商店也随着顾客移动起来,无处不在,因此现代零售的典型特征是"顾客流店也流"。

(2)信息流

在传统零售情境下,尽管消费者在逛店之前可能或多或少地了解一些商品信息,但是顾客只有在到有形店铺之后才能获得准确、真实和可信的商品信息。一项科学研究表明,顾客大约有 40% ~ 50% 的购买行为为冲动性购买,这意味着顾客购买决策过程中的有价值的信息主要来源于有形店铺。在现代零售情境下,由于信息传递路径的丰富化和多元化,顾客随时随地可以通过移动信息流寻找商品实现购买。顾客可以通过各种渠道了解商品,也可以通过社交网络了解朋友们对备选商品的评价。因此,信息流由店内拓展至店外,由单向拓展至多向。

(3)资金流

在传统零售情境下,顾客购买商品后,付款大多在商店内完成,付款方式大多为现金付款和信用卡付款,通过付款后的小票提取商品,这个过程通常被称为"一手钱一手货"。在现代零售情境下,购买、付款和提货可以分开进行，一方面顾客可以在购买后选择货到付款，另一方面也可以通过手机或网银先行付款，然后等待商家送货上门。如今的付款过程可以通过信息的传递来完成，因此随时随地都可以完成付款。

（4）物流

在传统零售情境下，顾客提货一般采用自提的方式，即顾客在有形商店完成购买后，自己在商店取货并携带回家，甚至可能要走很远的距离。在现代零售情境下，顾客一般不负责货物的长距离运输，在随时随地完成购买和付款后，只需要告知商家送货地址，商家就会将货物在约定的时间送到顾客家中或者指定的地点。

零售企业面对着前述零售五流的巨大变化，必须及时地进行适应性的调整。第一，商店由有形店铺向无形店铺转化，由三维立体空间向二维平面空间或虚拟空间发展，加之有形店铺的建设和租赁成本飞速上涨，大大抬高了商品的零售价格，使本来就缺乏价格优势的有形店铺的经营变得更加困难。第二，零售由商品的传递向信息传递转化，零售专业化水准的体现不再是传统的商品管理而是信息的管理，商品管理不再由零售商负责，而逐渐转变为由物流商负责，物流商逐渐成为与顾客实现直接接触的最重要的"前沿"，因此物流的建设是企业需要重点考虑的一环。

零售企业面对着全渠道时代的来临，必须进行全渠道功能的整合，发挥各种零售渠道的优势，避开其劣势，形成全新的多渠道零售整合模式[10]，具体对策如下所示。

- 确定目标顾客的购买偏好或关注要素；

- 重温企业品牌、店牌及各渠道的营销定位；

- 设计目标顾客的购物程序或路径；

- 列出全部备选的零售渠道 (包括实体店和虚拟店)[5]。

另外，零售企业在加快数字化零售渠道的步伐的同时，决不能忽视实体店的作用，实体店具有的一些优势仍然会长期存在下去。例如，实体店可使顾客面对面地感知商品，享受到个性化的服务，体验到购物现场的气氛等。

1.2.2 全渠道的价值

1. 宏观价值

（1）商业模式

商业的逻辑思维

当"互联网 +"模式不再被人们追捧的时候，零售行业的发展便开始进入一个混乱的状态。人们不断尝试新的模式、技术和手段来缓解互联网红利落幕带来的尴尬，以全渠道、新制造等为代表的各种"新"概念开始出现[11]。

进入全渠道零售时代，零售企业原有的商业模式已经无法满足新战略的发展需要，全新的战略必须有全新的商业模式与之相匹配。为此，零售企业必须深入研究全渠道战略的内涵和全新零售商业模式的内在逻辑，在结合自身优势的基础上，通过科学、高效的零售商业模式创新路径，实现包含商业模式构成要素以及三者之间关系的系统性创新，重塑零售生态，不断满足消费者日益提升的无缝购物的体验需求，以期在新的市场环境中重新获得竞争优势[12]。

零售企业应该顺应个性化、体验性和融合性的时代特征，结合移动互联网技术，从零售体验参与、智慧零售全渠道融合、零售产业链生态共融着手，进行新时代背景下的商业模式创新[13]，如表 1-1 所示。

表 1-1　移动互联网背景下的零售商业思维和商业模式

商 业 思 维	商 业 模 式	代表性企业或平台
共享	零售体验参与	唐三彩智能体验馆、苏宁易购云店
融合	智能零售全渠道融合	卡西欧智慧型门店、乐视智慧全渠道网络平台
生态	零售产业链生态共融	鲜摇派平台的"移动互联网+生鲜"模型、苹果公司的"终端+平台+服务"模式

移动互联网背景下的体验消费是结合现实零售商业中心和虚拟零售商业平台并以感官体验为主的全新的消费体验，体验消费过程不仅要突出消费者在购物中的参与互动性、个体创造性和购物体验性，还需要借助智能化门店体现三种零售体验创新模式[13]，如表 1-2 所示。

表 1-2 零售体验创新模式

零售体验创新模式	职 能	代表性企业
线下体验+线上推广	产品和品牌推广、产品销售	唐三彩
线上体验+场景虚拟化	信息交互、消费体验	苏宁易购
智能化体验模式	智能体验及购物	银泰百货

移动互联技术的发展要求零售业在大力提高信息技术水平的同时，还要提供综合性配套体验服务，形成更加密切的价值链生态合作关系，推动零售运行效率的进一步提升，这体现为零售产业链生态共融模式。移动互联网背景下的零售产业链生态共融模式就是利用移动互联网平台和移动信息技术，把包括移动互联网、互联网和传统零售行业在内的各行各业结合起来，创造出一种新的生态，主要体现为表 1-3 所示的四种创新模式[13]。

表 1-3 移动互联网背景下的零售产业链生态共融模式

零售产业链生态共融模式	职 能	代表性企业或平台
企业内部生态圈	渠道融合、品类经营、开放平台	苏宁云商
产业生态圈	上下游产业生态链融合	中健食联
跨界生态圈	跨界社区服务商联盟、智趣生活平台服务	鲜摇派
全生态圈	"终端+平台+服务"全方位生态圈	苹果公司

在移动互联网时代，机遇与挑战并存，零售企业只有适应趋势，适时变革，才能获得更加广阔的发展空间。在新时代背景下，依靠移动互联网优势定位和发展特点，借力政府政策的支持和移动技术、大数据技术及网络信息技术的发展，选择符合自身的商业模式，才是零售商业模式创新的根本思路[13]。

商业的构成要素

在图 1-6 所示的全渠道商业模式架构图中,价值主张是零售企业给予重要伙伴和目标客户的核心提供物;关键业务、核心资源和重要伙伴体现了企业的基础设施面,零售企业通过关键业务和核心资源协同重要伙伴向客户提供价值服务;客户关系、客户细分和渠道通路反映的是企业的客户界面,零售企业通过细分客户与目标客户建立关系,并通过不同渠道通路向目标客户输出价值;成本结构和收入来源则体现了企业的财务表现[14]。

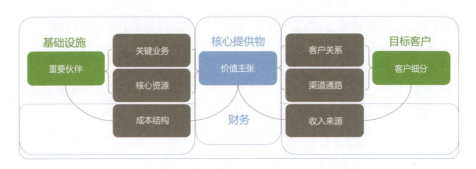

图 1-6　全渠道商业模式架构图

在新的市场环境和竞争格局中,构建全新的商业模式已成为全渠道零售商需要考虑的首要问题。全渠道商业模式构成要素理论从价值主张、核心资源、成本结构、重要伙伴、客户关系和渠道通路等方面分析和解释了全渠道商业模式的构成内容,如图 1-7 所示。

互联网时代消费者的购物行为已经表现出个性化、定制化、交互化以及购物多渠道化等特点。零售商能否对此做出反应,从渠道一体化的战略高度出发优化渠道成本结构，革新陈旧的商业模式，建立新的游戏规则，进而打造新的盈利模式，将是决定未来成败的关键[14]。

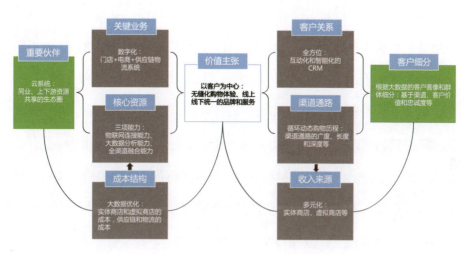

图 1-7　全渠道商业模式构成要素理论

现代零售已经进入了全渠道时代，零售企业为了实现全渠道战略转型，必须对原有商业模式进行革新，优化企业价值创造和价值分配的逻辑，为各利益相关方创造出更多的价值。同时，也只有完成了与企业发展战略和运营环境相匹配的商业模式转型，零售企业才能更加有效地应对当前零售市场中现代信息技术发展、消费者购物需求和购物方式改变所带来的各种各样的冲击[12]。

商业发展的趋势

在移动互联网背景下，多业态的经营和协同将成为零售商业发展的主流趋势。消费的体验性、及时性和参与性要求零售商业模式必须以更快的速度、更好的方式为消费者提供综合性配套产品和服务，建立起更加和谐的供产销关系。这种全新的零售商业模式注重各零售业态之间、企业各部门之间的协同，以提升零售商业模式运作效率为目标，形成紧密、顺畅的供应链、产业链和价值链。在全渠道时代，零售供应链、产业链、价值链上的经营主体不再是单个封闭的企业，而是通过互联网和市场紧密衔接、与供应商和消费者随时进行灵活的沟通、共同创造价值的企业。零售商业模式势必更加关注上、中、下游商业合作者的关系，树立典型的协同思维，遵从移动互联网的消费规律和市场特点进行业态创新。全渠道时代的零售商业模式以共享人力、物流、渠道供应等资源为前提，以线上渠道和线下渠道的融合为基础，以重构传统商业要素为核心，以全业态融合为标志，全面打造虚实结合、共同发展的新型业态[13]。

（2）组织架构模式

全渠道对零售企业的组织架构模式究竟会带来哪些影响呢？

在分析全渠道对零售企业的组织架构模式的影响之前，我们先来看全渠道对零售企业的影响。全渠道为零售企业带来的最显著的影响就是销售业绩的提升。因为全渠道核心的三要素是人、货、场，所以全渠道的价值提升主要体现为人、货、场运营能力的全方位提升。全渠道核心的业务价值首先表现为基于单品视角的进、销、调、存的管理和经营效益的提升；其次表现为基于数字化、可视化的人、货、场匹配模型的商品运营能力和客户运营能力的提升[15]。

此外，组织架构模式是企业的全渠道转型过程中至关重要的一个因素，那么全渠道对企业的组织架构模式会产生哪些影响呢？

整合人才，释放资源能量

把合适的人选引入企业并让其担任最适合的职位，这对于企业人才的培养无疑是一条捷径。

提升管理，提高组织绩效

为管理的指挥、计划、组织、协调、控制五大功能的发挥奠定了基础。

人才培养，支撑企业的发展

在组织中建立人才梯队，通过梯队人才代理的方式逐步构建多方面的能力，为下一步企业内部人才的流转储备能量。百货公司在扩充商品增加销售业务时，一般都会设立一个具体的实体业务部门。同样地，企业在因全渠道而销售收入增加时，为了使整体的运作更有效，也会对组织架构进行调整和布局，以应对全渠道模式带来的变化。同时，专门的部门可以保障全渠道的落地。

对企业来说，全渠道带来的影响有以下几点：

- 企业构建全渠道需要建立组织架构，建立组织架构就需要有相应人才做支撑；

- 提升了企业员工的新技能；

- 增加了企业员工的晋升渠道和晋升空间。

对消费者来说，全渠道带来的影响有哪些呢？

购物更加便捷：满足在任何时候、在任何地点、以任何方式购买的需求，就是实体渠道、电子商务渠道、移动电子商务渠道全覆盖，覆盖更多领域的消费者群体，便于购物、咨询和服务。传统的实体零售体现的是卖货思维，通过现场演示等一系列方法把商品卖给消费者，现在实体零售企业也已经发生巨大的转变，在关注着消费者体验的同时更加注重消费体验的提升。全渠道的消费体验首先体现在线上支付的方式会更加的便捷，支付从传统支付向移动支付转变；其次是支付的方式让购物更便捷。

提升消费体验：全渠道零售是零售渠道从单渠道、多渠道、跨渠道发展演化而来的高级阶段，在以消费者为中心的理念下，全渠道零售的实施可以给消费者带来更高的体验价值[16]。传统 O2O 模式离不开服务，全渠道同样也离不开服务。以天猫电器为例，目前天猫电器的全渠道服务包括两方面：一是人在线下，在线上进行支付购买；二是人在线上购物，如果对产品有不了解的地方，可到最近的实体网点体验产品。

契合新的消费行为：全渠道零售的本质在于满足消费者全渠道购物的需求。随着互联网技术特别是移动互联网技术的快速发展，消费者的购物时间、地点、需求的碎片化以及需求的个性化，传统零售渠道已经无法对接新的消费需求了 [16]。

（3）资本模式

当经济形势好时，营业额提高，盈利可观，一高可遮百丑。一旦营业额降低，盈利能力急剧下降，这时零售行业所有的问题就将暴露出来。

企业上线全渠道要保障资金的协调性，保障全渠道的生产流程彼此衔接，与外部联系顺畅，才能提升整体绩效。各渠道营运资金的协调是企业流程顺利进行的前提，营运资金贯穿于企业的采购、生产、经营各个方面，是企业总体资金中流动性最强、最容易发生风险的方面。因此，加强营运资金的管理是企业生存和发展的前提。

提升资金协调性应从企业整体维度、渠道之间与渠道内部三个方面出发，全面、有效、准确地反映企业营运资金协调性的有关情况，便于准确、快速地找到改进营运资金协调性的切入点 [17]。

企业与供应商

企业与供应商的协调性，主要是指企业的采购渠道与供应商的协调性，如原材料、应付账款、预付账款等营运资金项目管理绩效的高低直接取决于企业与上游供应商能否良好合作。企业与供应商之间应实施提倡互赢理念的营运资金管理，企业不能一味地靠压榨供应商的利益进而获得本渠道营运资金管理绩效的提升。

企业与客户

企业与客户的协调性多指企业与营销渠道中的分销商及客户的协调关系，该协调性分析的是营销渠道乃至企业整体营运资金的管理情况。

渠道与渠道

渠道与渠道之间的协调性主要说明了在企业经营活动中采购、生产、营销渠道之间是否协调。采购、生产、营销渠道所占的营运资金的比例，也可以作为衡量营运资金的配置是否发生较大变动的标准，进而为分析三者的协调性提供依据。

营运资金协调程度还取决于各渠道的内部因素，这是因为采购、生产、营销渠道中的流程一般是由不同作业组成的。例如，生产渠道可用生产周期来衡量该渠道中各个项目的协调程度，对于生产工艺较为复杂的企业，可以通过设置半成品合格率来衡量相关环节的协调程度。采购与营销渠道也可以根据相应的作业设计指标对内部营运资金协调性进行评价，只有这样才能真正从渠道管理角度改善渠道内部营运资金的管理[17]。

2. 微观价值

当今的企业已经认识到，全渠道不仅是企业的一种行为，还是企业的一项能力和特质。与不具备全渠道能力的企业相比，具备全渠道能力的企业在市场的竞争中将有截然不同的表现。全渠道保证了企业在应对瞬息万变的市场、提供品牌价值和实现财务目标方面拥有强大的能力，甚至可以帮助企业摆脱困境[18]。

业绩优秀的企业持续寻求能够创造价值、差异化和竞争优势的全渠道战略，这具有多项价值。

（1）业绩提升：提升体验，创造业绩

通过新的体验，企业与消费者沟通的方式更加融洽，让消费者更加方便、快捷、轻松地了解到产品与服务。在消费者有需求的时候，企业可以很方便地通过多个渠道让他们获得目标信息并得到反馈，进而认可自己，并愿意倡导其他的消费者去接触、了解自己的产品和服务。当然，每个行业、不同的品类的体验设计不同，需要根据每个企业的基因制定体验设计方案。

企业可以根据自己的基因更好地衡量影响，对预期的全渠道场景进行建模。特别是企业可以更主动、更系统地定义成功指标，预测可能事件并对成果进行建模，将更多注意力集中在衡量实际成果上。

（2）效率提升：渠道升级，提升效率

通过互联网思维和技术提升现有渠道的互动效率，从单一销售到综合性的以销售、配送与服务为一体的全渠道融合，从而提升人、货、场的综合效率。

（3）成本降低：降低成本，可被量化

降本增效是企业坚持执行全渠道模式的核心目标，可以被量化。因为全渠道的业务提升了业绩，挽回了原先由于无法满足消费者的需求而产生的损失，而且全渠道的业务可以通过技术实现闭环，产生的销售额可以被数字化记录，所以能够很有效地量化降本增效的指标。

（4）意识转变：意识改变，人人有责

全渠道必须成为每个人的岗位描述中不可分割的一部分。我们处在一个开放、动态的商业环境中，消费者、技术、经济和社会都在快速变化。全渠道是一个自上而下的战略目标，从企业高管到终端销售人员，倡导共创共赢和意识转变是成功的关键。

1.3　全渠道的生命周期

1.3.1　了解全渠道生命周期

随着商业模式不断地推陈出新，顾客变了，竞争对手变了，合作伙伴变了，这要求企业必须适时进行营销变革，但如何进行营销变革是困扰企业决策者的重大难题。企业一旦不能及时进行营销变革，就会陷入"不变革等死，变革找死"的尴尬境地。实施全渠道营销，是摆脱这种尴尬境地的一种新视野、新选择、新战略和新的解决思路[19]。

如图 1-8 所示，企业的全渠道生命周期的五个阶段分别为准备期、萌芽期、导入期、成长期和转型期。这五个阶段分别包含了一组能力和特质，只有当前阶段的能力被开发完全后，企业才能顺利地进入下一个发展阶段。企业随着从一个阶段的成熟进入下一个阶段的发展，需要发展新的能力和特质。同时，此前已经开发好的技能需要进一步的迭代更新，需要一个持续成长和发展的过程。最终，全渠道将各阶段的能力和特质逐步融入企业文化中。

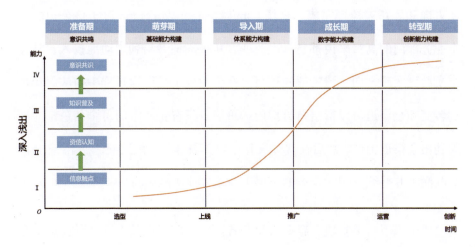

图 1-8　全渠道生命周期

第一阶段：准备期——意识共鸣

这是全渠道变革的第一阶段，很多企业可能会采用一套传统的方法进行项目管理。对于全渠道建设，企业一般选择 IT、电商或者线下运营管理者担任全渠道领导者。处于这个时期的企业一般不会采用通用或标准的方法管理全渠道变革，也不会从以前的项目中总结经验和吸取教训。因此，企业经常就方法和技能求助于外部资源。企业刚刚开始认识到，全渠道为跨部门协同、引领全员参与、改变传统经营模式提供了机会。

例如，某国际知名品牌在准备期对全渠道非常茫然，于是邀请伯俊运营团队指导开展了一场"有趣的"Workshop，并邀请了该公司亚太地区所有业务部门的管理者，针对品牌特性的全渠道转型可能产生的机会、规则、问题以及风险等展开了系列讨论。通过近两天的激烈讨论后，全渠道的整体方向和思路被梳理完成。这场 Omni-channel Workshop 对于该公司的每个业务部门的高管来说都是一次改变，从被动地参与到主动地投入，从思维涣散到明确方向，清晰地知道自己在企业变革全渠道过程中扮演的角色的转变和全渠道可以带给自身部门的价值。只有企业中的每个角色都能够勾勒出全渠道图像，然后在实际工作中将其具体化、填充细节、丰富内容、修改润色并持续完善，企业的全渠道变革才能顺利进行。

要进入下一个阶段，企业必须与各部门达成意识共识，并寻找最适合的全渠道领导者，从而鼓励全渠道领导者参与企业基本的全渠道变革管理。

第二阶段：萌芽期——基础能力构建

处于萌芽期的企业已经开始扩张其全渠道变革的项目范围，将与全渠道变革相关的衡量指标列入对项目状态的监控中。然而，这些企业大多数仍未使用正规的方法，也没有相关的学习机会——他们的全渠道能力刚刚开始发展。处于这个时期的企业一般会走访多家相对成功的企业，并将成功案例中的碎片化思路借鉴到自身规划中。

前期规划设计的好与坏直接影响着企业全渠道转型的成功与否，尤其是渠道管理难度大的企业。例如，国内某高端羊绒品牌，其线下的几百家门店全部采用单店加盟的方式，且线上天猫店独立运营，这使得企业面临两大挑战：一是价格体系不一致；二是线上线下两盘货。该品牌的未来的战略目标是各渠道实施统一的价格体系，这在当前成为全渠道准入的瓶颈。企业的整体战略目标和全渠道变革应该相符，但是这在当前实现是有困难的，所以如何使企业的整体战略目标和全渠道变革相符成为当下最大的难题。因此，处在萌芽期的企业要考虑的三个核心内容是适配基因、路径规划和业务蓝图。

要进入下一阶段，企业需要对员工进行全渠道运营方法和技能的培养，促使不同的利益相关方对全渠道做出积极的承诺。

第三阶段：导入期——体系能力构建

处于导入期的企业需要快速地将基础能力推广至终端，并且让终端的人员也同样接受和习惯全渠道带来的变化与价值。然而，企业习惯性采用传统的操作培训，缺乏场景化培训和系统化的方法来构建终端变革能力。

为了以更正规的方法实施全渠道变革，全渠道领导者需要掌握不同利益相关方的相互关系，并对他们做出承诺和培训。

例如，国内某知名上市企业将全渠道作为年度三大战略级项目之一，同时将其作为 IT 部门核心考核项目。IT 部门非常重视，准备了详尽的培训推广计划、门店操作手册、商品包装视频等。但经过 3 个月的推广，全渠道订单量微乎其微。到底是哪个环节出现了问题？他们做了复盘分析，并邀请业务部门的人员参与并提出建议，又 1 个月过去了，仍然见效甚微。后来，该企业邀请伯俊运营团队帮助分析原因。其实原因很简单，企业的全渠道推广并不是一个 IT 项目，IT 部门有心但无力。全渠道推广需要的是培训能力和运营能力，IT 部门具备的是技术能力，因此不擅长且做不好。

成功的培训推广是终端转换全渠道思维的必要且充分的条件，也是企业全渠道转型成功的关键所在。

企业要进入下一个阶段，就必须建立各级管理人员责任制，尤其要重点关注中层管理人员和建立商业性组织架构，以便于企业的各级人员驱动全渠道变革。企业应该系统化地为所有相关的全渠道角色提供正规的变革方法和培训。

第四阶段：成长期——数字能力构建

企业在完成终端的培训推广后，正式进入全渠道运营阶段。通过什么样的方式，看什么样的数据来反哺业务，深耕哪些场景，最终通过数字来驱动全渠道业务甚至零售业务的增长。国内某知名男装品牌在上线全渠道前期，开店选址都是根据品牌的定位和合作的商场位置来决定的。该男装品牌在上线全渠道之后，获取到顾客的收件地址等指标数据，并在这些指标数据中发现了一组"异常"数据，这组"异常"数据显示他们未曾考虑开店的城市持续涌现大量订单。于是该男装品牌便将顾客收件地址指标作为开店选址的一个参考指标。这个例子只说明了数字驱动运营的一个很小的方面。

当然，处于成长期的企业已经拥有一套标准的全渠道运营方法，并且将一致的管理举措和工具应用于企业内外部。然而，这些企业依旧缺乏系统化的方法来构建整个企业级的全渠道能力。为了以更正规的方法实施和组织全渠道，企业需要掌握不同的利益相关方对全渠道做出承诺的技能。处于成长期的企业更加关注将全渠道能力引用到终端和场景中，所需的资源可能来自内部人员，也可能从外部获取。

第五阶段：转型期——创新能力构建

企业在全渠道的基建工程结束后才能进入转型期，该做的都做完了，需要新的血液了，需要进行人、货、场的重构。

成熟度高的企业持续投资全渠道变革，将全渠道变革活动整合到项目的预算和计划中，应用正规的方法和工具，定期复盘项目的成效并衡量全渠道的接受度。处于转型期的企业需要通过数据分析驱动运营，采取培训方式系统地提高所有相关方的能力。

全渠道能力被广泛地应用于各种转型活动中。处于转型期的企业将管理和接受全渠道变革并深植到整个企业文化中。全渠道的敏捷性已经被广泛渗透，体现在领导者、管理者、终端人员的理念、行为和工作方式中。

1.3.2 把握全渠道生命周期

1. 全渠道生命周期的本质就是与现实的匹配度

我们发现，很多时候企业因为思虑过多而导致无法开展全渠道。全渠道的构建需要与企业的基因相匹配。

2. 识别全渠道生命周期的阶段是掌握全渠道的关键

我们接触到全渠道信息的机会有不少，如参加各类"互联网+"的论坛、新零售的活动等，但不知你是否也有同感：听到新鲜理念的时候热血沸腾、雄心壮志、准备大干一场，可是一旦回到办公室，又被一堆的现实问题所困扰，让人觉得无从下手。例如，现有的组织架构和团队如何变动？正在运营的 4P "计划经济"一刻也不能耽搁[20]，现有的信息系统已经偏老化等。

3. 掌握全渠道必须重视各个阶段之间的适配能力

根据全渠道生命周期的五个阶段，每个阶段都需要企业具备与之适配的能力。企业需要具备五种能力：技术能力、运营能力、培养能力、数据分析能力和创新能力。这些能力之间有着直接或间接的联系，在很大程度上实现了集中的整合与组织能力，最终将被融合到企业的管理体系中。

4. 将实现阶段性目标作为进入下一阶段的有效手段

从全渠道实现中获得最大化的收益，既是一个企业的战略规划，又是企业从零售中创造价值的持续过程。成功的企业往往站在两个方面考量全渠道的成效：一方面是收入增长；另一方面是运营效率（盈利能力）的提升。因此，全渠道实践中的成效往往是基于三种特定类别的企业进行考量的，这三种特定类别的企业分别是业绩出众的企业、业绩欠佳的企业和业绩一般的企业。因为这三种特定类别的企业表现出不同的业绩，所以全渠道运营的落地方法、步骤、关注点也各不相同。

将全渠道作为一种业务模式，嵌入企业的经营与管理之中，定期进行运营复盘，迭代业务与技术，是很多优秀企业的最佳实践。我们基于江南布衣、GXG、奥康等数家品牌的实践案例，提炼出"企业在不同的阶段需要实现不同的目标"的观点。

第2章

"明道"——全渠道构建

随着信息技术的发展和全渠道消费者的崛起，零售行业进入了多种零售形式并存的全渠道时代。在全渠道模式下，零售企业的线上渠道和线下渠道之间如何打通，物流体系如何与多个渠道匹配，如何促进不同渠道、渠道和物流体系共生与协同发展，是零售行业正在面临的问题。

本章从构建全渠道需要具备的条件、全渠道的构建方法和影响方面入手，全面系统性地阐述全渠道的构建方法，希望这些内容对零售企业开展全渠道转型有一定的启发。

2.1 构建全渠道的必备条件

2.1.1 准入条件

为了成功地实现全渠道变革，企业需要形成新的战略重点，学习新的专业知识，建立新的工作方式。企业采用全渠道运营方式实现价值，培育全渠道业务模式，发现新的融资形式，建立全面的风险评估方式，根据企业战略制订计划并执行计划，为客户提供富有吸引力、符合互联网环境的深入体验，并在与客户互动的过程中营造盈利渠道。领先的企业会对客户、产品、服务和流程进行全渠道改造，重新定义客户场景与客户体验。通过使用预测分析、计算模型、运营体系和技术来丰富这些步骤，建立完整、灵活且敏捷的全渠道运营环境，以支持和推动深度体验。企业通过发现、留住和培养适合的人才，为创建和维系全渠道模式积蓄力量。成功的企业能够采取措施，培养并保持创新文化，抓住机遇，建立与客户、合作伙伴共创多赢的平台。成功的企业还能够采用"场景为主""体验为要"的方法，利用全渠道平台的集体力量，营造独一无二的客户体验。

在做规划之前，我们先探讨几个关键问题：

- 所有的企业都适合构建全渠道吗？

- 构建全渠道需要考虑哪些方面的条件，需要做什么样的准备？

- 如何像优秀企业一样获得全渠道的成功？

万事开头难，企业在最初阶段难免陷入规划的盲区，这个时候需要找到一家有丰富实战经验的公司进行指导培训。他们通过结构化的提问方式，帮助企业从不同的视角挖掘自身的优势和劣势。

对于企业来说，全渠道的构建属于战略决策，在起步阶段需要企业满足四个基本条件——系统条件、人员条件、渠道条件、商品条件，从而初步建立全渠道生命萌芽管理，如下所示。

- 打通企业内部各系统间的信息和数据壁垒，构建全渠道平台；

- 梳理全渠道业务流程中的关键角色，构建各业务部门的角色；

- 企业线上渠道和线下渠道进行联动，敏捷响应消费者需求；

- 建立统一的价格体系，满足消费者个性化需求。

1. 系统条件

企业需要打造一个全渠道平台化系统，该系统应该包括库存中心、订单中心、结算中心。企业通过三大中心把企业内部各渠道之间的订单、库存、商品信息打通，进行线上、线下等各渠道的整合。此外，各环节沉淀下来的数据还可以提供构建全渠道运营的基准。将来企业在此之上还可以建立商品中心、价格中心、营销中心、会员中心，采用逐层迭代的方式打通各中心。

2. 人员条件

全渠道业务需要跨职能沟通和协作，企业需要明确各部门在关键业务流程中的角色。例如，当电商部门打算举行线上的促销活动时，谁负责统筹，谁负责制定营销方案，谁来决定定价策略，谁是冲突的最终决策者，线下终端门店需要如何配合，这些都是全渠道项目组成立后应该梳理清楚的问题。模糊不清的决策流程将成为未来开展全渠道业务的绊脚石。

全渠道业务涉及公司内部的各个业务板块，如销售部、电商部、营销部、运营部、财务部、IT 部、物流部和品牌部等诸多部门，还涉及定价、选款、活动、运营等一系列的流程安排，因此需要由一个专属的项目团队负责。随着企业全渠道业务的进一步扩大，全渠道业务进入成长阶段，这时需要成立一个职能型的、商业性的部门，来独立运营全渠道业务。

3. 渠道条件

在全渠道规划阶段，企业需要考虑哪些渠道可以参与到全渠道路径中，应考虑的渠道大致可以分为两种：一种是现在已有的销售渠道，另一种是未来可能新增的销售渠道。另外，企业还需要考量各种场景，如线下店铺 O2O 发货、线下产品自提、任意门店退货或换货、24 小时不打烊店铺、无限货架等。

4. 商品条件

构建全渠道的目标是给消费者提供无差异的购物体验，无论是线上还是线下，无论是品牌旗舰店还是自营官方商城，对货品的要求是同款同价。大多数企业因为企业基因不同使得线上线下两盘货，价格体系不一致，虽然存在部分重叠，但无法整盘运营。企业可以制定战略目标以逐步改善当前的状况，还可以制定各种应对策略，如同利润中心策略、保底利润策略、顾客体验策略等，以应对当前的局势。

2.1.2　能力匹配

1. 组织协调能力

构建全渠道对传统企业来说，绝对是一次从上至下的变革，它会渗透到企业的方方面面，不仅包括对"技术"的影响，还包括对"人"的影响，甚至对"人"的影响更大。但是在上线全渠道之前，企业原有的"技术"和"人"的因素对构建全渠道也是至关重要的。企业传统的组织架构职责设置已不能满足全渠道的发展需求，新型的经营模式和管理理念追求的是去中心化、公开透明、全程追溯的新型信任关系，它要求企业的组织架构快速、高效、低成本、透明、相对公正地运转，并且把其价值应用到各个领域，把企业优势最大化，如图 2-1 所示。全渠道中全新的组织架构提倡协同的工作方式，使企业内部传统的组织架构的边界变得模糊。

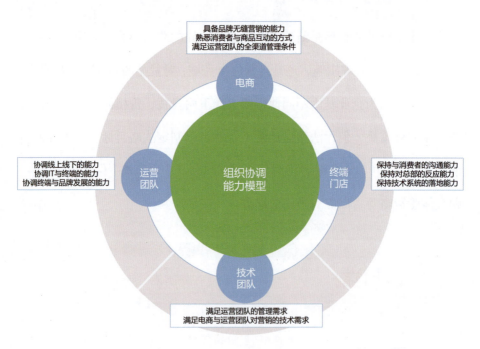

图 2-1　组织协调能力模型

（1）全渠道转型面临的问题

　　全渠道的构建需要企业各部门进行高效协调的配合才能完成，其中重要的四个部门是电商、运营团队、技术团队和终端门店。技术团队是全渠道构建的基础团队，需要满足电商和运营团队对全渠道构建的技术支撑。电商部门需要具备品牌无缝营销的能力、熟悉消费者与商品互动的方式，以及满足运营团队对全渠道的管理条件。运营团队实现全渠道场景的运营，协调线上、线下的营销，协调各部门间的协作，在整个项目中起到沟通桥梁和保障的作用。终端门店需要保持与消费者的沟通能力、保持对总部的反应能力，以及保持技术系统的落地能力。可见，全渠道并不是依靠一个部门就可以运作的，而是需要企业各部门之间的配合协调才能实现其对企业的价值。目前，零售企业的组织架构在实施全渠道转型时会遇到三方面的问题。

人力成本持续上涨

新工作内容的出现会对传统的组织架构工作内容产生很大影响。全渠道各场景中商品应该如何铺货、各场景的业绩应该如何考核、客户满意度谁来统计、是否需要按照全渠道各场景的人力要求配备相应的人员、零售企业如何衡量全渠道项目用最少的人员达到最好的效果等问题，会不停地烦扰着零售企业。

角色职责定义不清晰

员工的角色职责定义就是员工应该负责哪些业务内容、应该怎么做以及为什么要这样做，但是在进行全渠道转型时，很多企业的人力资源部门没有明确的规划，甚至没有概念，所以更无法和员工详细地谈一谈角色职责了。

组织架构管理策略不合理

企业如果想要解决由人带来的管理问题，那么企业内部就需要进行组织架构管理的升级，因为人的问题就是组织架构管理的问题。如果从上端开始管理策略就是不正确的，那么无论团队的执行力如何，结果都是不理想的。

综上所述，我们要为全渠道量身打造一个体系化的组织架构。这个组织架构需要能够完全调动各部门的积极性，并且能够明确各成员的职责，每个人都可以在这个群体里尽情发挥，因此需要在企业目前现有的组织架构的基础上进行优化。组织架构的优化，从长远来看是为了实现企业的组织战略目标，从短期来看是为了奠定企业全渠道业务流程和执行效率的基础。

组织架构的优化是企业实现全渠道落地的有力保障，是企业实现内部高效运转、全渠道取得良好绩效的先决条件。为什么企业需要进行组织架构的优化设计，而不是让其随着业务自发演变呢？这是因为如果任由组织架构自发演变，组织架构往往需要经过无数次的摩擦、碰撞才会发生变革，同时组织架构往往又随着员工责权利的变化而变化，因此人员成本会非常大，更无法保证优异的绩效。在现今变幻莫测的时代，残酷的市场竞争也根本不给企业这样的喘息机会。

（2）组织架构优化原则

为了保证组织架构朝着有利于实现企业战略转型的方向发展，同时也为了便于统一共识，给予团队人员安全感，调动团队人员积极性，需要事先明确组织架构优化的原则。一般而言，组织架构优化都会遵守以下原则。

战略目标导向原则

企业的组织架构本身就是为实现战略目标而创造的工具。战略决定关键活动和角色是哪些，有效的组织架构就是为了使这些关键活动和角色能够正常运行并取得杰出绩效。因此，组织架构优化必须以战略目标为导向。

职能完备原则

为了保障全渠道业务的正常开展，企业内部需要有相对完整的职能保障。

规模较小的企业，可以一人身兼多职，随着企业发展再进行不断的细化和专业化，甚至拆分成部门。俗话说："麻雀虽小，五脏俱全。"所以，不能因为企业内部人员较少，而使得企业内部职能不完备。

责权利一致原则

责权利是相辅相成、相互制约、相互作用的。一般来说，责权利要对等，才能调动员工的积极性，也就是说，员工负有什么样的责任，就应该具备相应的权力，同时应该获得相匹配的利益。

尤其在进行全渠道转型时，很多企业无法直接建立与全渠道相关的组织架构，因此需要传统业务中的部分人员同时承担全渠道相关事项的职责。企业内部如果没有遵循责权利一致原则，会导致全渠道的推动面临很大的挑战。

民主集中制原则

在组织权力分布方面，一种极端情况是高度集权式，高层管理者制定所有决策，低层管理人员只需要执行即可；另一种极端情况是高度分权式，企业把决策权下放到最基层管理人员手中。零售企业中的大多数企业都习惯实行自上而下的管理，但是近年来，分权式决策的趋势比较突出，主要是因为分权式决策更容易实现快速反应和团队信任。

在零售企业中，基层管理人员更贴近终端，更了解客户和业务的实际情况，所以对具体问题的了解比高层管理者更翔实。因此，在全渠道落地方面，可以授予基层管理人员较大的决策权。这使得企业的全渠道可以快速落地，并能和周边对手展开竞争。

适度标准化原则

全渠道是一个新的模式，涉及企业业务的方方面面。与全渠道相关的人员以标准化的方式投入工作，能够保证稳定一致的产出结果。

例如，对商品的包装要求高的企业，通过打包和发货等标准作业程序的输出，保证各渠道、各门店或仓库发出的商品有统一的包装，可以提升消费者的购物体验。

充分授权原则

组织架构优化的基本原则随着时代的变化也在发生改变。随着移动互联网的发展，充分授权越来越成为主流的组织架构优化原则。

虽然全渠道是企业内部自上而下的战略转型，但是真正了解消费者、熟悉企业业务的反倒是基层员工。所以，企业在进行全渠道转型时，需要加大对员工的授权力度，充分听取基层员工对全渠道的提议，由他们对全渠道相关的事务进行决策。一方面，基于他们对业务的理解，可以更好地做出全渠道业务决策；另一方面，也可以使企业内部的决策更高效，以应对变化无常的市场环境。

管理跨度合理原则

管理跨度是指管理者直接统属的下级人员的数量。管理人员有效地监督、管理的直接下属的人数是有限的，当其直接下属的人数超过限度时，管理效率会随之下降[21]。

持续迭代优化原则

企业的业务是随着市场的变化不断发展的，因此组织架构也需要不断优化。组织架构的优化设计是需要充分考虑企业的战略、业务定位和发展方向等方面来综合决定的。

很多企业在进行全渠道转型时，初期只是建立一个项目型的组织架构，保障全渠道的落地。随着业务的发展，这个项目型的组织架构开始转变为职能型的组织架构，以保障全渠道业务的发展和指标达成。但是，职能型的组织架构并不是一成不变的，也需要随着企业全渠道业务的发展而进行及时的调整。

以上是在进行全渠道组织架构优化时可参考的原则，那么将这些原则落实到组织架构中，应该如何进行设计呢？在全渠道推进过程中会涉及哪些部门，并且这些部门的 KPI 和绩效应该如何评定？这都需要仔细斟酌。另外，在全渠道的不同构建阶段，组织架构也不是一成不变的，要适应公司业务能力的变化，全渠道成熟度不同，组织架构自然也不同。

2. 系统建设能力

全渠道为什么需要系统建设？从某种角度来讲，零售效率的改变主要是依靠技术驱动实现的，通过技术的力量改变和提升零售效率有非常大的潜力。在严峻和高速发展的市场形势下，未来所有企业首先应该是一家信息技术企业，应该具备较强的信息技术研发和迭代能力。

盒马是一家技术公司，拥有一支由 200 多人组成的技术团队，并且背靠阿里巴巴，在一年内打造了一套全新的技术系统，重构了一套全新的零售信息技术体系，并使之成为支撑盒马模式的基础。

目前，零售企业的信息系统迫切需要进行重构，主要存在数据静态化及模块分割，当前的系统模块是以商品、管理、流程为中心的，这种信息系统已经不能适应当前环境发展的需要，其给企业带来的效率问题、成本问题已经使企业的发展大大落后。虽然一些企业也做了尝试，如在系统里通过构建插件来实现系统的指定需求，但是整体的系统优化、系统效率、企业效率并没有得到根本转变[22]。

企业的信息系统迫切地需要重构，需要更新为实现企业链路全打通、模式全支持、人员全覆盖的新型企业信息系统。新型企业信息系统由一方数据变为多方数据，由单渠道数据变为多渠道数据，由以商品管理为中心变为以人为中心——以用户为中心、以员工为中心，并且具备合理的算法，可以提升业务效率和质量。

在全渠道模式下，企业需要将消费者参与的所有环节的数据进行打通并沉淀，将后端所有的商品、库存信息进行共享，所以信息系统是实现全渠道模式的基础保障条件。

因此，企业要发展全渠道，必须拥有系统建设能力，而全渠道所要求的系统不是孤立的系统，它必须是联系的、互通的、灵活的"组织网"，既可以满足全渠道场景的技术需求，又能够对庞大的订单量有着足够的处理能力，并且拥有一定"可治愈"能力。

那么，企业应该具备哪些方面的系统建设能力呢？要覆盖哪些方面才能全面满足全渠道的建设需求呢？我们可以从以下三方面考虑。

（1）场景高覆盖率

全渠道一定是多种场景的综合，不是单一发展某种场景，单一的场景带来的流量有限，而且因为它固化了消费者群体的属性，因此带来的收益也是有限的。目前，全渠道的构建甚至未来新零售的展现都是新零售、新物种、物联网、智能生活还有区块链等多元素的组合，这种组合促发了多种生活化场景。但无论场景如何变化，无论场景之间有多大的差异，零售的本质还是不变的，变化的是零售的方式和服务体验。

多场景覆盖可以满足用户的核心需求，零售企业通过创造不同的场景，让用户多维度体验和近距离接触品牌进而增加用户对品牌的认知。而通过提高场景的覆盖率，我们应该把传统零售的全渠道考核方式中的"坪效"换成"店效""墙效"，因为每一个门店的效率会比传统零售的坪效至少高出 2～3 倍。因此，提高场景覆盖率是企业发展全渠道的基本途径之一。

尽管企业引入了全渠道、多场景，对于系统来说，订单的渠道依旧只有两个——线上渠道和线下渠道，两个渠道的订单汇总在全渠道的订单中心，再由系统通过物流中心实现订单的统一派发，如图 2-2 所示。

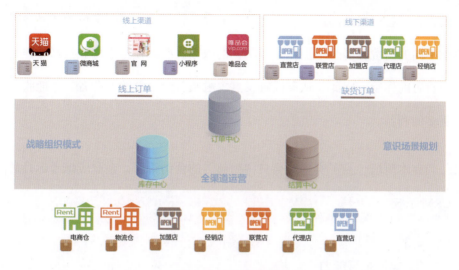

图 2-2 全渠道场景

（2）终端高覆盖率

如果企业想要把全渠道发展到一定规模，把全渠道做通、做透、做好，就要保证有一定的店铺参与量。一方面，店铺数量增加，收益就能增加，这个无可厚非；另一方面，发展更多的终端店铺，才能够共享全渠道的商品库存，才可以把该卖掉的商品卖掉，把该盘活的库存盘活，打通各个端口的流量入口，实现销售利益的最大化。

在本阶段，终端门店要达到一定的 POS 覆盖率，首批推广的门店的 POS 覆盖率应达到 100%。

（3）消费人群高覆盖率

虽然每一家企业对于客群的定位都是固定且明确的，但是不可否认的是，全渠道多场景的设计会迎来更多的会员转化率，不同定位的场景会吸引不同的消费客群，个性化、定制化的服务又能够在零售行业很好地提升消费者的体验。因此，从不同触发点去触及各个维度的消费者，才能收获更多的利益。

在本阶段，为了实现对会员"粉丝"的营销管理，企业应该考虑打通CRM 系统。

3. 渠道拓展能力

全渠道零售战略的重点是通过全方位、多渠道的整合，包括线上和线下的网站、零售店、POS 和社交媒体，以及产品体系的集成，为客户提供更贴心的购物体验。不管是从线上零售角度还是从线下零售角度而言，全渠道都是以消费者体验为中心的数据驱动的泛零售业态。但是对于线下零售而言，它更是传统模式的一种创新，线下零售渠道只有立足于数字化、平台化、智能化才有未来。

全渠道是一种商业渠道，从以往的单渠道到多渠道再到全渠道，虽然销售渠道变化了，但是应提供给消费者无差别的购买体验。在互联网时代，新零售成为未来发展的趋势，线上企业如何在线下实现落地？线下企业如何支持线上？根据图 2-3 我们可知全渠道的渠道拓展一般分为四种，包括虚拟运营、直销渠道、实体渠道和电子渠道。

图 2-3 全渠道的渠道拓展

（1）线上渠道

任何企业想要在夹缝中求生存，就必须不断地迎合市场发展需求，线上渠道已成为企业营销的不二选择，线上渠道包括以下几种。

- 电商平台：天猫、京东、唯品会、淘宝等；

- 第三方平台：微信、微博、QQ 等；

- 自建电商 PC 平台：电脑商城、触屏商城、售货机等；

- 自建手机电商平台：二维码手机商城、App 手机商城等。

每一个新媒体的出现和兴起，都会掀起一股企业的营销革新之风。例如，现在我们每天都在频繁使用的微信，给企业带来了无限的商机。很多企业选择在微信上开设自己的公众账号、微店，甚至小程序商城、微信支付等，以此希望借助微信庞大的用户群体，把微信的潜力发挥到极致。微信用户具有移动化、社交化和碎片化的特征，微信电商也表现出独有的特征，具体特征如下。

- 碎片化购买场景，适合冲动型购买（新品、爆款、促销）、分享型购买或反复性购买；

- 受到手机屏幕和使用时间的限制，用户体验过程需要简洁且清晰，从快速寻找、浏览到下单、结算，用户所操作的步骤越少越好；

- 用户黏度高，一旦用户关注并绑定账户，企业可以通过定期推送、微信客服等方式与用户保持长期的近距离的联系；

- 微信的社交性，在微信平台有很多好玩的创意，企业可以拿来和用户分享，如红包、投票、游戏，通过分享可以推广病毒式营销。

近年来，微信拉动的信息消费规模增大、消费来源增多，拉动作用持续升级。据统计，2018 年，微信拉动信息消费 2402 亿元，自 2014 年以来平均增长 26%；微信带动传统消费规模达到 4198 亿元，同比增长 26%。2018 年，45.2% 的用户选择用微信支付进行线上购物。可见微信渠道是日常消费中的重要渠道，企业做全渠道，微信营销也是重要渠道之一。

移动电商在以往通常被视为 PC 端的扩展，但如今，由于移动设备轻便、易于携带，以碎片化、场景化、娱乐化为特性，能满足消费者随时随地的即时消费，移动电商已成为越来越重要的网购平台。加之移动端依然是连接线上线下的重要媒介，移动购物和生活场景相互交融，偶发性和冲动型消费快速增长，促使很多品牌零售商推出电商移动化战略。

企业做全渠道需要直接布局电子商务，可以考虑自建电商平台，也可以考虑与大型电商企业合作。当然，在资金、资源许可的情况下，可以多管齐下，不必拘泥于某一种方式。这样做的好处是既可以通过电子商务来实现品牌曝光，又可以开拓线上市场，实现销售额的增加。另外，在某些重要的电商节日，传统零售企业也不妨积极介入，因为这些电商节日对传统零售企业而言，也是非常重要的营销途径。

（2）线下渠道

企业线下渠道分为直营、加盟、代理、联营、托管等，目前企业参与全渠道主要的途径有直营、联营、代理，因为加盟商参与全渠道的难度较大，目前很多已经开展全渠道的企业在加盟群体中的渗透率还较低，只有个别企业实现了加盟客户全覆盖。

各渠道参与全渠道的要求是不一样的。直营店铺参与全渠道的要求比较简单，因为直营店铺属于企业总部管理，参与全渠道不存在财务结算问题，直营店铺的销售业绩均属于企业总部。由于直营店铺的货品和人员均由企业总部管理，直营店铺参与全渠道的基因是最好的，因此企业对直营店铺的管理和考核比较直接和简单化。联营店铺属于类直营的店铺，很多联营店铺的货品属于企业总部，货品的买断形式根据企业特性的不同而存在差异，而且终端店铺的人员属于联营店铺，联营店铺参与全渠道就会涉及终端店铺及人员的考核，所以联营店铺参与全渠道的结算方式会比直营店铺复杂。代理加盟店铺参与全渠道最大的问题就是利益分配的问题，有些代理加盟商不支持全渠道，原因在于利益结算没有让代理加盟商分享到全渠道带来的利益。所以不同的渠道参与全渠道的规则制定、利益划分也会不同。

4. 业务运营能力

今天，对于大多数企业来说，所面临的渠道运营问题远比以前复杂得多。所有的企业都正在或者即将面临全渠道运营问题，当然，因为企业的实力和所站的角度不同，侧重点也不一样。那么，作为一个全渠道的后起之秀，应该如何面对这纷繁的世界[23]？

我们综合多家企业的经营经验进行总结，认为企业可以从以下四个步骤来勾勒路线图：第一步，社群电商运营、开展最小化实验；第二步，电子商务大平台是巩固效果和快速扩散的好方法；第三步，线下渠道"安营扎寨"要步步为营，稳扎稳打；第四步，永续经营要管好产品线和产品生命周期[23]。

（1）运营基本条件

当今，企业要提升全渠道的业务运营能力，需要具备的运营基本条件包括数据枢纽、价格管理、订单管理、库存管理等方面，如图 2-4 所示。

数据枢纽

打通实体门店与线上虚拟店铺的商品信息，实时共享数据资源，将各个环节沉淀下来的数据资源，反哺企业的业务策略和决策。

价格管理

支持不同渠道甚至不同区域实施不同的价格管理，制定更加合理、灵活的定价机制，以支持不同渠道或者不同区域的活动策略。

图 2-4 运营基本条件

订单管理

订单管理不仅包括管理全渠道的正向订单，还包括管理逆向订单，以及通过订单枢纽将订单分配到不同的出货地。同时，还要全面及时地监控订单的全部状态和主动发起清单调度，更好地实现线上渠道和线下渠道的协同。

库存管理

库存管理有助于实现线上线下各渠道的库存分配、共享、调度，做到在有限的库存情况下最大化地满足消费者的体验和利益。

会员管理

通过全渠道系统将线上消费者数据与线下消费者数据整合，做到全渠道会员识别和会员服务共享，利用线上的优势对会员的消费决策轨迹进行记录，分析会员的购物行为，实现对线上线下会员的精准营销。

营销活动

对全渠道中的消费者的购物行为和购物轨迹进行数据分析，并将此作为指导线上线下营销活动的数据依据。同时全渠道还可以提供丰富的线上促销方式，成为线上推广的重要手段。

快速收银通道

快速收银通道将移动手持设备和全渠道系统对接，为门店实现快速收银、自助收银提供技术支持。数据显示，快速收银通道可以有效地缓解店内繁忙时段收银台的压力，同时也可以提升对时间敏感的消费者的购物体验，并有效帮助零售商实现将线上会员向线下引流的效果。

数据追踪

通过全渠道,企业可对线上线下的消费者的各维度数据信息进行收集,然后整合分析,形成自己的大数据,这是零售企业应对一切外来竞争的法宝。在当今的市场竞争中,谁掌握了大数据,谁就掌握了市场的主动权。

（2）运营期间的痛点

在全渠道时代,零售企业的实体渠道的痛点在于运营成本高、营销效益低、外部渠道合作拓展不足等。

运营成本高

现阶段,零售企业的最大的营销费用支出仍然是实体渠道的运营成本。在竞争激烈的用户资源抢夺战中,社会渠道的酬金成本居高不下,高昂的运营成本为零售企业带来了巨大的成本压力,影响了运营商的整体效益。

营销效益低

各渠道对目标客户的识别局限于非实时数据、结构化数据,客户标签少且以静态为主,对目标客户的细分能力、需求解读能力、实时识别能力不足,难以实现精准化营销,导致营销效益低。

外部渠道合作拓展不足

零售企业虽然已经开通多个自有线上渠道来承载基本业务功能,但外部渠道的合作拓展不足，客户触达能力不够，数字化产品的对外创新推广合作模式有待加强。

（3）运营期间难点

未上线全渠道的企业在全渠道构建的初期会遇到一些困难，很多企业在上线全渠道时即使是站在很多企业的肩膀上去做的，还是会存在一些问题，别人的经验只能供自己参考。

全渠道是一把手工程

全渠道是一把手工程，如果离开了这一点，全渠道项目就很难开展，更不要说实现落地。全渠道落地是系统工程，需要调度企业内外的大量资源，需要企业领导的强力支持，需要企业内部各部门统一战略思想，需要得到中高层管理者的认可，没有他们的认可可能会出大乱子。

构建企业自己的全渠道组织架构

整合人才、释放资源能量，把合适的人选引入企业并让其担任最适合的职位，这对于企业人才的培养无疑是一条捷径。在全渠道构建的初期，企业的全渠道组织架构一般是临时设置的团队，并且团队成员是兼职参与全渠道的构建的，因此会导致全渠道的项目任务出现执行人员职责不明确，继而造成任务落实和绩效难以跟踪的问题。

代理加盟客户的利益分配问题

全渠道实现的是消费者利益、渠道利益和企业内部利益等多方利益的融合，使消费者体验最优化，货品利润最大化。一旦代理加盟客户的利益划分不清楚，代理加盟客户参与全渠道的态度不积极，全渠道的整体销售及运营就会遇到很大问题。

2.2 全渠道的构建方法

2.2.1 路径规划

在移动互联网技术快速发展的今天，消费者在变化，他们的消费习惯也在变化。面对严峻的市场形势，作为传统企业的管理者，您也许在经历着起起伏伏，也许正在思考企业内部的转型，但是面对全渠道，您是否在思考以下问题？

- 如何衡量上线全渠道的投资回报？

- 需要哪些人员参与全渠道的构建？

- 如何设置全渠道的一系列规则，尤其是结算规则？

- 如何吸引客户（代理加盟商）参与到全渠道中？

- 这中间会遇到哪些风险？要如何避免？

- 如何让全渠道一步一步地落地？

······

上述这些问题是每一家想要做全渠道的企业经常遇到的问题，其实这些问题并不难回答。在上线全渠道前期，企业内部需要进行全渠道的路径规划，进行路径规划也就是企业要制定全渠道目标，包括长期的战略层面的目标和最终的执行层面的目标，然后围绕着制定的目标，去讨论和规划以下内容：

- 内部如何实现、多长时间实现；

- 如何落地和提升；

- 相关的规则要如何制定；

- 资源如何保障和合理分配；

- 投入的人员的绩效如何考核。

企业需要一份完整的全渠道路径规划解决方案，这份全渠道路径规划解决方案会对上述问题进行解答。所以全渠道路径规划解决方案相当于全渠道落地的"行动指南"，当企业的全渠道路径规划完成后，相关的业务人员可以根据这份"行动指南"有条不紊地推动全渠道落地。

要探讨全渠道未来的发展路径，首先要明确全渠道体系的组成与构建。区别于传统零售体系，全渠道体系主要包括几个组成部分：明确的企业创新战略和组织结构、与上游供应商互联互通的新的采购体系和采购渠道、以终端消费者为核心的线上运营与线下消费场景化零售相结合的新型零售模式、以新技术、新资源和大数据作为支撑的物流供应体系、以关系营销为理论和以互联网及人工智能等新技术为支撑的新客户关系管理机制[24]。

全渠道未来发展的突破方向

总体来说，全渠道未来的发展应从以下几个方面寻求突破。

- 利用"互联网+"新技术的优势，企业可以与产品制造商、渠道内利益相关者和终端消费者之间实现无缝连接，确保产品的源头质量。

以往的实体零售商，很难实现与产品制造商、渠道内利益相关者、终端消费者的及时沟通和无缝连接，但在全渠道的环境下，企业可以通过新技术实现多方数据共享，完全可以在无边界零售的大背景下顺利利用新技术打通线上线下的不同渠道，做到产品来源可追踪、产品制造商及其产品信息可核实，并在最短时间内剔除不合格产品，以保证商品的质量在流通的各个环节保持一致。另外，在全渠道背景下，不同渠道内各个环节的打通和连接，可以使企业在第一时间掌握渠道内各环节的真实情况，尤其是终端消费者的行为情况，如产品购买、使用等情况，做到及时了解终端消费者的需求，从而促使企业内部尽快调整营销思路；同时企业也可以及时将终端消费者的需求反馈给产品制造商，使产品制造商也了解终端消费者的需求。这样，供求信息在营销渠道内的各个环节之间就会形成良性的循环和互动，从而使产品制造商生产出适销对路且满足市场需求的产品，既可以增加社会产品的有效供给，又可以满足终端消费者的不断变化的消费需求。这种新思路符合国家供给侧结构性改革的方向，也符合新常态下我国企业发展的大趋势 [25]。

- 打造线上线下的消费体验化和场景化，加强开放式服务创新。

如今企业都比较注重与终端消费者互动，关注终端消费者在消费过程中的极致体验和消费场景化氛围的营造，在这些方面做得比较好的企业或者商家都获得了相应的回报。比如阿里巴巴和京东商城，他们为了给终端消费者带来实体店的场景化体验，不仅改变了过去的网络服务提供商的零售交易平台形象，同时还采取相应的措施，打破固有边界，拓展与其他商业伙伴的合作。

从阿里巴巴、京东商城以往的全渠道战略布局中，我们可以看到全渠道未来发展的趋势。阿里巴巴分别于 2014 年、2015 年、2016 年先后投资了银泰集团、苏宁电器和三江购物；京东商城自 2015 年以来推出京东到家、入股永辉超市、并与沃尔玛达成战略合作等 [24]。这些举措都说明，全渠道就是实现各个节点的打通以及相关企业的不断融合，电商的迫切需求是实现消费的场景化，与实体店和物流相连接。2018 年阿里巴巴"双 11"的零售额总计达到 2135 亿元，这个瞩目成绩的诞生并不单纯是阿里巴巴、京东商城等少数重量级电商平台的功劳，而是线上线下近 10 万家门店充分融合的结果，这其中不仅包括苏宁、银泰等大型电商平台的贡献，也包括三只松鼠、茵曼等年轻力量的发力，是线上线下的零售商、渠道商、国内外终端消费者、产品制造商等多方面协作完成的业绩[24]。当这个空前庞大的数字被媒体反复提及的时候，我们也应思考这中间有多少商品会进行退换，有多少商品真正满足了终端消费者的需求并使其满意，市场的问题出在哪里，下一步应该怎样从行业标准、法律法规和市场监督方面进一步完善全渠道的市场机制，怎样有效解决目前全渠道在某些层面存在的无序和混乱的问题。

另外一个非常重要的问题，就是如何保障线上线下各渠道的产品与服务的一致性。这就要求产品制造商和渠道商在通力合作、加强监督的同时，也要不断提升自身的产品质量与服务水平。线上的终端消费者常常会遇到这样的问题，同样的产品在线上的售价较低，但质量远不如实体店的产品那样有保障，服务也远不如实体店。现在一些有前瞻性的商家采用实体店试用产品、网上购买或者网上看样品订货、就近实体店取货等方法实现一条龙服务，这是全渠道消费场景化最好的例子。还有的商家在提升退换货服务质量方面走在了行业前列，如三只松鼠，只要终端消费者把收到的有瑕疵的产品通过拍照的方式发给客服，客服人员就会在第一时间进行回复与处理，并在最短时间内将完好的商品再次发给终端消费者，一方面减少了与终端消费者的争执，另一方面也使得终端消费者的满意度得到有效提升。三只松鼠能够迅速崛起的根本原因在于其过硬的产品质量、良好的场景化服务和线下线上物流的紧密配合，它的方法虽然不能完全被复制，但是思路是值得业内商家学习和借鉴的。此外，在新实体经济时期，产品制造商、线上线下的渠道商和相关服务部门在打通各方边界促进相互融合的同时，应该广泛加强监督与合作，依靠法律的力量保护自身和利益相关者的权益，不给不法分子可乘之机，这也是从根本上保证线上线下各渠道的产品与服务的一致性的必要条件 [24]。

再者，在当前许多线下的实体零售企业面临严峻挑战甚至生存危机的特殊时期，商家更应该聚焦终端消费者的实际需求，加快实体零售企业的转型升级。其中一些业态雷同和功能重叠的购物中心和百货商场，在既没有灵活的全渠道机制，也没有新的产品和服务，并且已经让消费者失去兴趣的情况下，不如通过增加新的产品和服务或者上马新的项目，开展一对一的定制化服务，并在服务的各个环节不断推出新的方式完成自我救赎。这些服务创新可以很灵活地应用，不必担心浪费企业的资源和技术，是一种非常理想的产品与服务的转型方式。

- 加快物流的融合，保障大促期间及节假日的物流管理工作，并开展无边界合作。

针对目前大促期间或者节假日快递爆仓而物流人员又供不应求的情况，零售企业可以从多方面采取措施积极应对。首先，零售企业可以积极开拓线下渠道，使网上的零售商既可以和自己的实体店实现密切连接，互联互通，也可以和其他合作伙伴的渠道进行互相连接，取长补短。零售企业需要开拓良好的物流渠道，通过与口碑良好的物流配送企业积极开展合作，既可以实现线上线下各渠道与物流的结合，也可以实时关注渠道配送情况，以便在大促期间或者节假日等高峰期迅速找到可以解决物流配送难题的优质合作伙伴。此外，一些有实力的企业，可以和物流合作伙伴就关键节点物流的保障签署专属协议，以保障终端消费者收到商品的时效性，提升购物体验。如此一来，就可以大大缓解大促期间及节假日因快递爆仓而物流延误的状况，保障终端消费者的满意度，零售商与物流合作伙伴之间实现了互助互利，同时促使供应链多方实现共赢。

其次，零售企业除了需要进行线上线下各渠道与物流的结合，还可以考虑无边界合作。很多企业已经进行了这方面的尝试，他们立足于全球范围，不仅仅局限于同行业或者国内的企业，参与让你完全想象不到的跨界合作。例如，海尔集团很早就与德国西门子股份公司进行战略合作，共同利用彼此在母国的营销渠道优势，进行跨国的渠道连接，既节省了资源，又降低了渠道成本[9]。

全渠道路径规划的重点事项

以上内容是企业进行全渠道转型的突破方向和可以参考的案例，在实际进行路径规划的过程中，以下几个问题需要企业重点关注。

- 线上和线下两个渠道如何实现有效的平衡？

这个问题的关键在于企业对线上渠道和线下渠道的定位，如果企业将线上渠道定位为商品展示和曝光的渠道，将线下渠道定位为产生交易的主要场所，这时候双方的利益应该如何合理分配？

- 如何保障代理加盟商的利益？

代理加盟商在参与全渠道这件事上往往是不乐意的，因为他需要把自己的会员信息等共享给企业总部，这时候企业总部需要通过一定的方式让代理加盟商放下"戒备"，愿意参与其中。此外，代理加盟商在参与全渠道后，和企业总部、电商、其他代理加盟商等各个渠道之间的利益分配也是企业需要重点关注的内容。

- 商场店这个特殊的群体如何参与全渠道？

为什么说商场店特殊？因为商场本身就是一种渠道。全渠道的构建，不是要颠覆原有的渠道，而是要与原有的渠道达成互利共赢，而商场是一个重要的利益相关方。在整个全渠道零售运营中，如果渠道以自收银为主，各方面执行就会更加简单直接；如果渠道以商场店居多，情况就会复杂很多。商场店里的收银环节并不掌握在企业自己手里，钱由商场收，商场会按照约定的结算周期和企业进行扣点结算。

这就会出现两个问题：第一，消费者把钱付给了商场，但商场并不负责发货，扣点怎么计算？第二，如果发货门店是商场店，那么从它这里发出的货品商场是否也要计算扣点[26]？这两个问题导致商场店成为一个特殊的群体，企业需要重点关注。

- 企业内部部门之间的沟通和协同的效率如何保障？

全渠道以消费者为核心，需要各个部门共同协作，这就打破了以往的企业内部的部门之间点对点沟通的现状，也给部门之间的沟通和协同增加了难度。此时的部门管理机制是否还能保障沟通和协同的效率？

- 适配于全渠道的组织模式如何进行绩效考核？

企业的全渠道经营活动离不开人。在进行全渠道模式的推广运营时，员工的激励机制是很重要的一个环节。有些企业一开始就忽略了这个问题，直接导致的后果就是员工对于和"粉丝"之间非交易类的互动没有动力，对于和自己没有直接利益关系的交易没有动力，也就是终端门店的店员对全渠道模式的推广不配合，导致全渠道模式很难执行下去。这种情况在线下渠道的运营推广中十分常见，企业的代理加盟商尤甚。例如，导购员不愿意去收集当场不消费的顾客的信息；店内暂时缺货，宁愿让对方过几天再来，也不推荐他去其他渠道购买；甚至 A 门店空销的订单被派到 B 门店，B 门店有货也会选择拒绝发货，最终导致这笔交易失败。

所以，企业在推行全渠道时需要调整员工的积极性或根据全渠道模式的推广计划重新设计员工的激励机制，进而可以更加全面地、综合地衡量员工的绩效，而不仅仅通过交易量进行衡量。此外，通过全面的绩效考核机制，还可以有效地调动员工，尤其是终端门店店员的积极性，使全渠道模式的推广更容易执行。

有些企业可能会思考，到底什么样的员工激励机制才是最合适的呢？有没有其他企业的员工激励机制可以借鉴和参考呢？其实，员工激励机制需要企业根据自身的品牌基因和文化，和所有利益相关方一起进行讨论，最终制定出适合自己的员工激励机制。

2.2.2 技术实现

全渠道技术实现是打通线上场景和线下场景的基石，可以跨越在线电商平台与实体门店之间的鸿沟，实现线上线下数据互补，打造全新的购物体验。全新的购物体验背后也需要强大的技术工具来支撑和实现，那么，在全渠道的背后,我们需要落实哪些系统,才能保证最基本的顾客体验呢？零售业实现"全渠道布局"，必须有一个好的 IT 系统做支撑。零售企业需要根据与自己匹配的全渠道业务模式、场景寻求切入点，建立包含生产、采购、物流、仓储、渠道、销售、财务等全流程的线上线下一体化的 IT 系统，将更多、更成熟的系统应用于运营、销售及管理各个环节，解决全渠道线上线下融合、客户体验设计、信息化体系管理等难点，满足消费者在任何时间、地点以任何方式购买和获得所需商品、服务的需求，助力构建全渠道、全业态、全客群、全品类、全时段的体系。接下来，我们重点从订单、库存、会员、物流、结算五个方面的管理进行详细的说明，如图 2-5 所示。

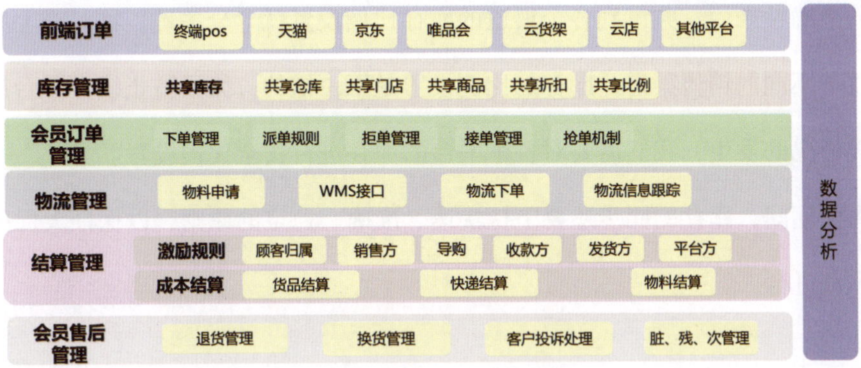

图 2-5　全渠道技术实现

1. 订单

全渠道是各个渠道的融合，因此全渠道的订单系统要能够接纳来自各个渠道的订单。我们把订单大致分为两大类：线上订单和线下订单。所以，全渠道的订单系统要能够实现对线上订单和线下订单的处理。除了传统的 ERP 系统，我们处理线上订单还需要一个完善的 OMS。OMS 是用于集成电子商务行业全渠道的订单的管理系统，可以集成线上线下所有渠道的订单，高效对接多平台，支持订单自动合并、拆分、自动匹配仓库和多仓库协同管理等功能。全渠道的 OMS 可实现与 ERP 系统的打通，进而实现订单的派发处理。

2. 库存

全渠道的商品共享是要将商品共享给各个销售渠道，因此，对于库存的准确性来说，共享到各个渠道的库存比例设置就十分关键。针对线上和线下不同的销售渠道，库存的比例设置是不一样的，为了防止线上平台超卖情况的发生，我们需要对各个平台的库存进行安全比例设置。另外，在大促期间，库存的同步还要坚持快速、准确、稳定的原则，以保证大促的顺利进行。

3. 会员

对全渠道的会员应该进行一体化管理，即无论会员来自哪个渠道、平台，都属于企业的会员，都应该享受一致的会员管理模式。因此企业理应拥有一套强大的会员管理系统。这套会员管理系统能够进行会员营销活动管理、会员数据分析、积分管理，能够呈现清晰的会员画像，以及能够进行个性化的会员互动。

4. 物流

全渠道的宗旨之一是给顾客提供更加完善的购物体验，能够让顾客花费一样的金额，购买到"快、好、全"的商品。其中"快"的最重要的组成要素就是物流反应快、配送快。全渠道对物流的要求是能够预先将商品匹配到距离顾客最近的仓库，以减少区域间和区域内部仓库之间的调拨次数，增强时效性，同时对调拨的仓配方案进行优化，最大化降低调拨成本[27]。

5. 结算

结算其实是整个全渠道零售中最关键和最复杂的环节。这里面涉及许多的表格与计算公式，很难用言语来表达。

结算大体上可以分为四种类型。

- 直营店同企业实体内部的结算；

- 线上与线下之间的结算；

- 与第三方的结算；

- 不同经营实体之间的结算。

企业的全渠道系统要能够支持其中错综复杂的结算方式，其中包括财务的记账方式，因为对于不同的企业来说，对财务的记账方式是有不同的要求和规范的。

以上就是要上线全渠道必须考虑去构建的几个基础系统，企业希望跟上时代的步伐，走上信息化营销的道路，就务必在全渠道技术的道路上不落队。

当然，在发展过程中，企业也面临着一些困难与挑战。首先，数据是AI 应用的必要基础，在长期的业务开展中，积累的数据具有维度多样化、体量巨大化和形式复杂化的特点，并且数据在很多时候无法融合、互联、造成数据壁垒的出现。其次，零售行业注重利润率，科技落地的高成本不是每个零售企业都能够接受的。例如，对于大型的连锁便利店而言，如果要实现众多门店的智能化，其一次性投入的成本非常高，这使得升级的门槛变高，因此许多零售企业往往倾向于依旧采用传统方式[27]。

尽管转型升级存在重重困难，但众多的科技企业仍然进行了许多有益的尝试，在一些具有典型性的场景中探索人工智能技术的应用。新技术的应用落地呈现爆发趋势，这种情况在零售行业尤其常见。例如，零售企业加速与人工智能技术融合，在"物"端深耕供应链管理和在"人""货"端着重提升用户体验的基础上也增强了线上与线下的相互融合。从无人值守的便利架到无人配送车，从单个的机器人再到智能化的无人超市，各种技术、产品和解决方案的实施，向人们展现了人工智能助跑"新零售"的诱人前景[27]。

2.3　全渠道构建的影响

2.3.1　适配性分析

企业在上线全渠道之前需要思考的问题

- 所有的企业都适合上线全渠道吗?

- 上线全渠道需要考虑哪些资源，做什么样的准备？

- 在整个全渠道发展过程中会遇到哪些风险？

- 我们如何像优秀企业一样获得全渠道的成功？

1. 适配性分析的目的

企业要想取得全渠道构建的成功，就必须重新审视自身，寻找适合自己的切入点作为起步。企业首先要正确认识自身的先决条件，为什么这么说呢？因为没有一家企业的全渠道是一模一样的，企业的全渠道不同取决于企业的基因不同，因此全渠道的规划路径也不同。通过全渠道适配性分析，企业可以更好地衡量全渠道给企业带来的影响，并对预期的场景进行路径规划，可以更主动、更系统地定义全渠道成长的轨迹标准，预测未来事件，量化阶段性结果。因此，企业做适配性分析就是对自身的优劣势进行分析，找到适合自身的全渠道建路径和发展蓝图。

2. 适配性分析指标

企业的渠道整合以线上渠道和线下渠道中可以共同利用的资源为基础。从合理规划和配置资源的角度考虑，零售企业可以整合的线上和线下的资源主要包括基础设施、经营管理、营销资源和市场四个方面，这四个方面可以被看作适配性分析的一级指标，如表 2-1 所示。

表 2-1　适配性分析指标

一 级 指 标	二 级 指 标	三 级 指 标
基础设施	全渠道系统构建能力	
	技术创新能力	技术创新觉察力
		平台构建
		技术资源
经营管理	相关经验	运营经验
		技术运营
	营运能力	
	融资能力	
营销资源	生产规模	
	股东权益比例	
	营销渠道	
市场	新电商零售业态	
	新实体店零售业态	

3. 适配性分析的影响因素

　　企业进行渠道整合包括资源和能力两个大的层面。其中，资源层面包括企业的生产规模和股东权益比例，能力层面主要由营运能力、融资能力、技术创新能力和相关经验组成。任何企业都具备一定的资源或能力，但是在利用这些因素对渠道进行整合的能力上存在着较大差异。从企业的资源层面来讲，首先我们考虑了企业的生产规模，企业的生产规模越大，线上渠道对线下渠道的补充效应就越大。而店铺数量是衡量一个企业的生产规模的重要标准之一。其次，我们关注了企业的股东权益比例，并以此来衡量企业自有资产所占的比例。一般而言，该比例越大说明企业的决策灵活性越高。从企业的能力层面来讲，企业的营运能力、融资能力、技术创新能力和相关经验四个方面是衡量企业能力的重要标准。需要说明的是，根据基础资源理论从企业内部角度出发，对全渠道零售的影响因素的探讨，并未涉及市场环境、人口及地域之间的差异性，但这并不能否认以上因素对零售企业实施全渠道零售战略所产生的影响[28]。

2.3.2 全渠道价值量化

在新时代背景下，零售业构建全渠道的价值愈发明显。2018 年 12 月 20 日，我国水果连锁龙头品牌百果园公布了自从上线小程序以来的瞩目成绩，百果园的线上销售额突破 20 亿元，小程序的用户数量突破 1300 万，日订单量达 60000 单。近年来，全渠道成为传统的实体零售企业寻求转型和发力的方向，从简单的外卖平台接入，到 App、小程序、社区拼团等模式的相继推出，其线上的销售占比已经越来越高，线上销售已经不仅仅是实体门店的补充渠道[29]。可见，全渠道对企业利益的提升是显而易见的，这也让企业上线全渠道的信念更加坚定。

构建全渠道需要多部门的合作才能完成，所以在对全渠道的价值进行量化的前期，企业需要对各部门的资源进行整合，如终端资源、渠道资源、网络资源、基础设施资源等，使其规范化和标准化，然后建立全量资源价值量化指标体系，通过价值量化模型输出最终的全渠道价值量化报告。全渠道价值量化模型如图 2-6 所示。

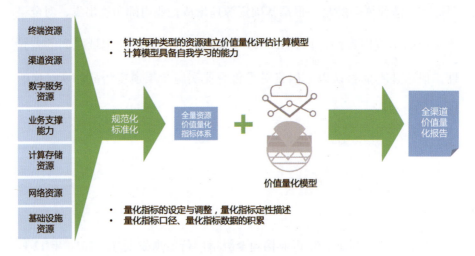

图 2-6　全渠道价值量化模型

全渠道对企业的价值量化体现在以下几个方面。

1. 效率的提升

全渠道对效率的提升体现在企业运行链路的每个环节当中，通过业务标签化、流程自动化和分析模型化，减少跳入跳出的时间和重复工作量，最终实现决策数字化。数据资产、数字化平台和数字化决策能力的建设，都是提升效率的重要手段和基础。例如，企业在全渠道规划阶段为了能够对结果进行量化，建立了发货时效指标，该指标通过对从店铺接单到消费者收件的全链路时效进行评估，从而达到提升消费者的购物时效性体验的目的。

我们在私有化 DMP 平台中进行数据资产积累，根据属性、行为和既有标签构建一、二、三方标签，并在此基础标签之上，通过构建自定义标签、算法标签、聚合标签以实现业务的标签化；之后将标签部署在平台上，并与营销投放平台全面打通，使得营销工作可以在一个生态中完成人群筛选、调用、投放、数据回流、追踪的全链路，实现一站式营销流程自动化。在每次营销活动之后，根据回流数据分析结果、顾客价值及生命周期的变化，判断人群的既有标签的有效性，并使之固化成自定义标签，后续即可一键调用，避免重复工作。通过标签对人群进行筛选及放大，颠覆了以往通过数据库捞人的模式，能够节约 75% 以上的营运时间，大大提高了企业的应对能力。

在选址方面，企业可以通过实时客流热力数据快速直观地了解城市主商区、次级商区、辐射商区覆盖领域；在客流热力数据的基础上利用自有门店、竞品门店和增益品牌信息，寻找未覆盖片区；在完成目标选址、目标营业时段的选择时，采用 5C 选址方法并综合多因素进行评分；在优选片区中精确地选定店址并继续深化研究，科学地划定局部商圈，通过数据模型，快速获得多址终选的决策依据。

值得强调的是，如今的数据分析对象早已不仅仅局限于数字，还包括图像、语音、文本、社交关系等。

2. 收益的提升

收益的提升往往建立在效率提升的基础之上，其通过应用场景化实现，体现在会员结构优化、销售增长和成本下降。例如，行业内的全渠道标杆企业往往会对全渠道零售业绩进行指标量化，设定云指 1.0 的销售指标。云指 1.0 指的是通过全渠道平均每家店铺能够多卖出 1 件商品，并以此作为销售量化标准。

某零售企业通过对会员的线下 POI 数据、App 数据和 WIFI 数据的应用，打造定制化标签，并在未购买商品的会员当中筛选出潜在客户进行分群、分时、分文案投放，使得总体响应率比盲目投放提高了约 120%。同时，通过分析得出长距离通勤人群的响应率为历史响应率的 3.5 倍，于是将长距离通勤人群定为超高质量潜在客群，日后可以将其作为种子通过第三方人群池放大、LBS 或微生态拉新等方式，实现低成本新客规模化获取。响应率提升带来的销售增长和营销成本的节约可以反哺产品开发，为客户带来更好的产品。

综上所述，零售行业对全渠道价值的量化考核维度主要体现在四个方面。

- 业绩提升

零售占比，即全渠道业绩占整体零售业绩的比例。

云指，是衡量门店的销售能力的指标，反映的是通过全渠道场景每家门店每天多卖的商品的数量。

- 库存消化

提升库存消化率，即通过全渠道提升门店商品的库存消化率。

- 调拨时效

通过全渠道的快速反应和精准定位，找到有库存的门店，实现商品的快速调拨。

- 商品连带

全渠道的经营模式可以通过不同场景来促使客户一次购买多件商品。

企业的基因不同，企业可量化的全渠道价值也不同。企业要结合自己品牌的特性、全渠道的铺展节奏和团队的全渠道能力建设情况来选择合适的考核维度，对自己的全渠道价值进行量化。

2.3.3 全渠道风险规避

企业在全渠道上线后会面临很多风险，包含全渠道的设计、上线后利益相关方之间的结算、商场店等内外部的综合风险，其中的大多数风险都是可以在全渠道上线前期进行预测并规避的。企业在上线全渠道之前进行全渠道路径规划，通过制定上线后的所有规则，如结算规则、商场店参与规则、代理加盟商参与规则等，可以有效梳理多个参与方之间的关系。

目前实现全渠道最大的风险，在于企业是不是真正站在顾客的角度来设计和审视自己的全渠道流程。许多零售商的观念在很大程度上还是习惯以自我为中心。我们在流程设计、制度安排、组织落实等方面如果不能把全渠道的思想作为基因植入自己的组织和血液中去，全渠道注定是要失败的。例如，企业内部在推行O2O业务，顾客在天猫商城购买的商品，由线下就近的门店进行发货，并且每次发货给予门店30～50元不等的奖励，甚至把零售业绩都归属于发货门店。然而，门店并不领情，发货超时的现象频发，以次充好现象严重，使得电商平台的退货率不降反增。

全渠道战略应该遵守12个字——移动为先，线下为主，线上为辅。按照O2M路线图，企业将地面商店改造为数字化商店，通过移动把地面消费的流量转换为数字消费的流量，建立与纯电子商务公司存在差异的竞争策略。如果什么渠道都想要，就会什么都得不到，切忌将资源向线上大规模倾斜。

在过去的多渠道销售背景下，各渠道之间是相互割裂的，每个渠道相对独立地运转，相互之间缺乏协作，甚至发生左右互搏的现象，电商蚕食线下正价渠道，进而导致线下增长停滞、库存积压、加盟商抱怨，致使多渠道的整体收益并未获得提升。

在移动互联网的助力下，传统零售业完成从多渠道向全渠道的转型。在门店配置移动终端，扩展门店边界，打破 SKU 展示界限，即使店内缺货，也可直接下单，由电商部门处理订单，门店与电商部门的整体绩效得到提升且它们之间的冲突被打破，由分流变成协同。在互联网背景下，信息路径和零售渠道都在变化，例如某品牌在其店内应用"快速响应"或二维码以吸引消费者访问其内容丰富的移动网站。消费者通过扫描二维码，就可以看到详细的产品信息，包括指导性视频、客户评论和产品等级，从而简化了决策流程。

此外，全渠道是由利益驱动的，上线后必然会面临多个利益相关方的利益分成。某运动休闲品牌在上线全渠道后，依然按照传统的思路进行 O2O 电商业务和线下门店的利益结算，导致线下门店不配合全渠道，最终全渠道以失败而告终。

通过上面的例子不难发现，全渠道路径规划是全渠道中很重要且必不可少的一个环节，它可以在前期帮助企业有效地规避一些上线后的风险。

全渠道运营模式打破了企业对单一渠道过度依赖的局面，使渠道的综合风险得以降低。随着电商这个全新模式的介入，零售市场的游戏规则已经被重新定义。消费需求和购物渠道的多样化要求企业与用户之间的沟通方式和购买界面向着多元化和立体化的方向发展。艾瑞咨询认为"鸡蛋不能放在一个篮子里"，对单一渠道（店铺）的过分依赖，往往会使企业陷入非常不利的被动局面。因此，若想要及时、全面、精准地洞察消费者需求及市场动向，就必须依托全渠道运营模式，树立全局意识，化解单店铺运营风险，降低边际成本，发挥渠道组合拳效应，实现企业的全渠道竞争力的提升[30]。

表 2-2 列举出了全渠道运营过程中可能存在的风险，以供大家参考。

表 2-2　全渠道运营过程中可能存在的风险

序号	类　别	风　险　点
1	货品管理	经销商实行订货制，每季度或者每半年要从总部订货，如果上线全渠道可以下云仓，那么经销商可能就会减少自己的订货量，进而避免库存积压
2		在全渠道的构建过程中，随着全渠道的发展逐渐成熟，门店商品陈列机制会受到冲击，企业应该怎样应对这种冲击？何时开始应对这种冲击
3		由于地区差异，不同地区的铺货时间会出现不一致的情况（如冬装上架），应该如何处理
4		当出现爆款时，门店通过建立云仓订单来增加本门店的爆款库存
5		发货门店为了保护自己门店的爆款商品，对爆款订单进行拒单
6		新品或者爆款商品刚被调到一家门店，就被云仓订单抢走了
7	派单规则	全渠道规则里有"单行条码不拆"的规定，即如果云单里只有一个条码，不会进行拆单，所以，如果当门店遇到小团购订单（预设同一条码），且单个门店的库存无法满足时，要不要下云仓
8	销售服务	顾客在门店试衣，试完以后，却在其他渠道购买。针对这类顾客，门店导购不愿意为其提供服务
9	结算	如果商场店已经参与了商场扣点，那么对于全渠道商品，商场店还要不要参与全渠道的结算分成

续表

序号	类别	风 险 点
10	结算	商场在每月的最后一天跟店铺进行业绩结算,而最后一天建立的全渠道订单只有在下个月发货后才能生成零售单,业绩才会同步到POS,这部分业绩没有包含在本月的结算里,出现跨月对账的问题
11		在商场店下单,由其他门店发货,所以商场店不把这笔全渠道销售业绩同步到商场POS,当商场进行结算时发现销售额有差异,造成"飞单"问题
12	发货	为了提升顾客的体验效果,安排离顾客的收货地址最近、货品最全的门店发货,但会造成大批量订单集中到一个门店,无法保证该门店自身正常的销售
13		顾客在天猫上下单,由门店进行发货,线上赠送的赠品怎么处理?从门店发货还是从仓库发货
14		在大促期间,会产生大量订单,发货门店里到处都是打包好的包裹,极大程度地影响门店自身的销售,应该怎么办
15		全渠道商品全国包邮,但是有些地方快递到不了怎么办
16		在刚开始时,全渠道的运营管理制度针对门店发货有奖励,然而奖励停了以后,门店都不愿意发货了
17		门店店员通过全渠道签约的快递寄送私人物品
18		在大促期间,部分终端门店因打包发货的物料占据公共空间被处罚
19		传统的老商场对物流公司指定了固定的取件时间和地点,会影响到门店的发货时效
20	价格管理	云单商品成交价低于门店成本价,发货门店应该怎么办
21		各个渠道中的商品价格不统一,还能不能做全渠道
22	退货	顾客在线上下单,想要在线下任意门店进行退换货
23		顾客在线上下单,门店自提,要求在门店进行商品退换
24		顾客在自营门店购买商品,要求在加盟门店进行退换
25		顾客参与门店买二送一的活动,当顾客将赠品进行退回时,门店涉及退款金额问题
26		顾客在无人智慧门店购物,想要退货怎样退
27	投诉	顾客收到脏、残、次商品,来下单门店进行投诉,下单门店应该怎么办

第3章

"优术"——全渠道运营

　　零售企业在进行全渠道转型的过程中，往往会面临各种各样的问题，这些问题的解决离不开企业的全渠道运营体系的构建。在企业进行全渠道转型的过程中，技术是 0，运营是 1。完善的全渠道运营体系，是企业的全渠道转型成功的关键所在。

　　本章从全渠道运营的必要性、构成、实施方法入手，并结合伯俊运营团队 5 年来的全渠道运营经验，全方位地阐述了企业的全渠道运营应该如何做，希望对企业构建全渠道运营体系有所帮助。

3.1　实施全渠道运营的必要性

传统企业现在所处的电商模式未来必然会向全网分销的模式转型。对企业来说，上线全渠道至关重要的是全渠道运营，目前很多企业都已实施。如果企业不顺应时代的发展，则必然遭受淘汰，因为自然界存在着永久不变的生存法则："物竞天择，适者生存"。零售行业的传统模式是渠道为王，电商模式也是如此，而如今零售行业推行的是以消费者为中心的零售模式。

传统企业在刚刚接触全渠道的时候，为了避免风险的出现，大多采用单点突破的方式，也就是通过第三方平台（以天猫为主）开设官方旗舰店，从而启动电商化转型战略。随着企业接触互联网的进程和速度的加快，越来越多的企业进驻平台，从而加剧了企业在资源、口碑、流量等方面的竞争。企业进入全网时代，无论是主动强化竞争力还是被动接受，对其来说都是极大的挑战[31]。

全渠道运营是企业电商化转型向纵深发展的必然选择，是企业以全局的观念为指导，融合多种渠道开辟的新的经营模式。全渠道运营首先是战略思维的转变。

3.1.1 思维转变

1. 为什么需要思维转变

新零售概念被提出来已经有几年时间了，零售行业目前正在进行一场系统化、全面化的变革，零售行业的未来必然朝着新零售的方向发展。零售行业的变革推动了商业要素的变革，同时改变了零售的经营模式，加速了商业模式的创新。而零售行业的变革是随着消费者及市场的变化应运而生的，不是一蹴而就的，这种变革主要体现在以下几个方面。

（1）消费者的消费升级

当今，随着消费者生活水平的逐渐提高，消费者的消费习惯也不同往日 [32]。消费习惯的改变主要体现在消费需求的改变上。

20 世纪 70 年代，消费者用粮票、饭票等票据买东西，那个时候的消费者能买到东西就很满足了。随着时代的变化，消费需求也会改变。以前消费者希望买到便宜的商品，后来变更到希望买到便利的商品，当前消费者更多地追求商品的品质和品牌。除此之外，消费者还会关注商品的独特性、店铺的位置和服务，甚至情感上的感动。

（2）零售行业的科技创新

消费者买东西的方式与零售行业卖东西的方式会随着商业基础设施的变化而变化[33]。之前我们出门买东西用"脚"；当互联网出现后，消费者学会了用"手"操作鼠标、App 进行购物；随着大数据时代的到来，现在可以用"嘴"进行购物，通过智能音响与电商系统进行交互，消费者动动嘴便可以实现任何商品的购买，如天猫精灵语音购物；之后就是 VR 购物，即用"眼"来购物；未来消费者可以用"意念"购物，只要脑子里想要买什么商品，App 就可以自动识别，购物的时效性非常强，几分钟后便可以收到商品。在零售行业的科技取得创新的同时，企业也通过信息技术能力的构建，全方位地跟踪消费者的消费路径。

新零售是随着消费者的消费升级与零售行业的科技创新的发展而出现的。零售是一门生意，在不同时期做生意的规则也会不同，企业只有摸透规则，才会做好生意。现在很多企业觉得生意难做，那是因为生意的规则发生了改变，而企业还在原地踏步。企业要跟上生意规则的变化，而新零售就是现在的生意规则。新零售的发展道阻且长，企业需要转变思维进行更多的尝试。

2. 如何做到思维转变

现在很多企业在以项目的形式引入全渠道，并且通过业务人员或者信息技术人员自下而上地发起，这在一定程度上限制了全渠道的发展空间。一旦全渠道以项目的形式出现，以项目启动为始点，以项目结束为终点，就完全没有发挥全渠道本应带给企业的价值。因此，企业要做全渠道，一定要具备全渠道的思维，以前的零售体现的是"人找货"模式，现在的新零售体现的是"货找人"模式。因此，企业首先要意识到这种经营模式的转变，深入了解并结合企业本身的特质运用"货找人"模式，只有进行这种思维的转变，才能真正将全渠道渗透到企业的经营管理中，实现真正意义上的全渠道。那么，要如何做到思维转变呢？我们需要从以下 4 个方面做出系统的规划。

（1）明确消费对象

目前的零售市场已经是个性化、分层化、小众化的市场，这种市场结构已经彻底不同于以前的普遍化、大众化的市场结构。在以前的市场结构中，市场的需求差别是比较小的，消费者的消费需求的差别也不大，所以企业是站在自己的角度上，以统一的模式或者标准化的模式，来服务或者满足消费者的市场需求的[34]。

目前的零售市场的个性化、分层化、小众化的市场结构使得消费群体产生差异，消费者更加追求消费的独特性、有趣性。企业只有明确定位自己的消费对象，才能受到消费者的关注，才能增加品牌的流量。

（2）希望为消费者提供怎样的商品、服务和体验

目前很多企业还在纠结新零售创新的变革，例如，零售的本质没有变，还以人、货、场为三大核心要素，全渠道的模式还以商品为中心等。其实企业做全渠道，商品是非常重要的，传统企业要进行全渠道转型，需要先从商品上转变。首先，在现阶段，消费者对商品的需求不再是一个物的概念，而是一种由商品、服务、体验融合的完整的消费需求理念。由于消费者的消费升级，消费者的消费需求不仅仅是对商品的需求，还是消费服务、消费体验等情感上的需求。现在消费者更多地关注消费的健康，个性化的追求[35]。

消费者的需求不是通过提供越来越多的商品来满足的，而是通过精准化地找到消费者的需求来满足的。盒马在这方面做得比较好，其新零售理念是非常值得我们学习的。盒马的一家 1 万平方米的门店约有 6000 个 SKU，可以完成线下 5000 单、线上 7000 单的交付。盒马更多地从生活服务的角度打造符合消费者需求的商品组合，这种模式不仅仅是一种商品组合，它的理念是打造"商品＋服务"的生活方式，来更好地满足消费者的需求。

（3）如何通过新技术手段实现经营目标

当前，互联网技术在快速发展，信息技术，特别是机器学习、算法技术、大数据技术在逐渐走向成熟，并且在一些商业领域中得到广泛应用，如电

商、导航等。以技术为驱动的全渠道，在以下领域发挥出重要作用。

- 提升顾客体验的技术领域

技术发展的目的是要给顾客带来良好的购物体验，如果不以此为目的，再好的技术也没有价值。一些能够提升顾客购买效率、增强顾客黏性的良性技术需要受到特别的关注。零售店特别关注自助收银模式，因为自助收银模式将会产生非常好的顾客体验价值。

- 提高效率、降低成本的技术领域

未来的技术必将在提升企业的效率、降低成本等方面发挥重要价值。未来的技术将变得更智能化，更有效率，时效性更强，更具学习能力，会大量替代目前的人力，例如自动货架、智能补货、自动盘点管理等技术必将有利于企业降本增效。

（4）如何打造顾客终生价值

未来零售的终点就是打造顾客终生价值。新零售必须以顾客的消费体验为中心，打造顾客终生价值，一切围绕顾客终生价值而展开。不论是连锁零售企业、电子商务，还是无人货架、无人店，如果不重视顾客终生价值，终将被淘汰[34]。

从很多方面讲，对全渠道运营的需求已经变得没有止境。

- 具备全渠道运营能力的企业比缺乏全渠道实践精神的企业实现了

更高的业务价值；

- 全渠道的颠覆性精神是影响企业的重要因素；
- 以业绩为导向的企业能够更加有效地运营全渠道，利用数据分析能力和运营能力将新知识转变为行动。

3.1.2 利益驱动

1. 客户利益

合作的性质正在发生变化，当今的竞争对手有可能成为未来的合作伙伴。合作伙伴可能是企业，也可能是机构，也可能是个人、社区、客户联盟或者一些其他的非营利性机构和团体。成功的合作模式可以达到扩展企业能力的效果，打破了各参与方单独作战的模式。企业要有识别共同利益的能力，要与各参与方打造良性的合作关系。例如，一些企业的加盟代理店铺数量占比非常高，直营店铺只有几家，在考虑上线全渠道的时候，把客户利益放在至关重要的位置。企业在运作全渠道的时候，通过互联网营销模式将线上的消费者引流到线下，通过线下服务或交易给门店带来流量，以解决当前门店流量少、获客成本高的问题。

（1）帮助客户盘活库存

全渠道带给企业客户的最重要的利益是盘活了库存，消费者的订单可以在区域分仓、B2C 电商仓、门店库存、经销商仓库之间实现信息联动与商品的灵活调拨[36]；如果门店发现商品断码缺货，全渠道是实现商品库存的打通和全网库存的整合的必要手段。门店人员通过全渠道就可以找到门店断码缺货的这件商品，所以这件商品无论是在直营店的库存中、电商仓的库存中、经销商库存中，还是在其他渠道的库存中都可以被找到，然后门店通过全渠道找到最适合的发货门店，及时地将商品寄给顾客。

（2）帮助客户减少顾客流失

全渠道可以帮助代理加盟商减少顾客的流失。相关调查表明，留住一个老顾客的成本大约相当于赢得一个新顾客的成本的 1/5，老顾客比新顾客更加易于开展营销活动，老顾客对产品、服务的接受度更高，企业 80%的利润来源于老顾客。现代企业竞争的本质是顾客忠诚度的竞争。

（3）帮助客户门店扩展功能

在全渠道的作用下，门店的功能变得多样化。一方面，门店能够填补纯线上链路中产品、服务体验的缺失，同时由门店员工进行发货，缓解了"双11"等活动期间代理加盟商的物流压力；另一方面，线上营销和线下营销的整合、会员的同步在培养顾客忠诚度的同时也能够缩减营销成本，实现销售机会的最大化[37]。

2. 电商利益

全渠道零售不仅对传统零售业来说是一场新的革命，也给企业的电子商务带来无限商机[38]。例如，企业会有一些店铺开设在机场，机场的地理位置特殊，导致门店的货品配补的时效性远不如非机场店。企业可以将O2O反过来，从offline到online，将机场店铺的商品提供给顾客进行体验，直接从电商仓发出商品，快递到顾客所在地。

（1）帮助电商仓消化库存

传统的O2O模式关注的是从线上到线下的订单流向，而全渠道赋予了O2O模式更多的含义，可以是从offline到online，线下的订单可以由电商仓进行发货，帮助电商仓消化库存，比如在缺货销售场景中，机场店的顾客在店内通过缺货销售下单，此时门店是没有货的，由其他门店或仓库进行发货。为了帮助电商仓消化库存，此时派单规则可设定为由电商仓优先发货。

（2）对电商物流的影响

全渠道模式下的零售行业，对物流的时效性要求越来越高。数字化运营是企业发展的重点，物流是全渠道零售的最终服务体现，数字化运营需要物流做基础，高效的物流是实现"以消费者为中心"的根本保证。在日益激烈的线上线下的竞争中，物流服务的支持对零售商而言是至关重要的[38]。

业务量的快速增长

在网络零售交易规模上，2018 年排名前五的国家分别为中国（13095亿美元）、美国（5200 亿美元）、英国（2910 亿美元）、日本（1790 亿美元）、德国（1305 亿美元）。其中，中国网络零售交易规模占总交易规模的 44%。

物流送达时效性要求

全渠道模式下的购物方式可以让消费者轻松、快捷、高效地完成整个购买行为，无论是商品的选择、下单、发货，还是购买之后对商品的满意程度，都是通过物流配送来体现的。对零售终端的顾客来讲，所体验到的物流服务就是商品在合适的时间、合适的地点被快速、安全、准确地送达，即物流的时效性和便利性[39]。

物流成本的优化

通过信息渠道进行购买的顾客，大多分布零散，且其需求规模小、数量少。与电子商务市场具有的"多品种、少批量、多批次、短周期"的需求特点相比，顾客更加多样化、对个性化的需求更高，每一单货的规模与数量更少，对接货也有要求，如希望在空闲的时间段、在方便的地点接货等。订单多、规模小、个性化在给物流配送带来难度的同时，也增加了物流成本[38]，对物流成本的优化提出了要求。

物流服务的精细化

全渠道零售创造了全新的顾客体验，可以说真正地实现了"以消费者为中心"。物流是消费者购物体验的最后且最重要的一个环节，因此电商必须重视物流环节，如配送人员的时效性、服务、态度、服饰、言语等，这些都会对消费者产生影响，所以物流服务既是企业的名片，也决定着消费者对购物体验的满意程度[40]。

3. 消费者利益

在传统零售模式下，企业往往受到其渠道固有属性的诸多限制，从而影响其在消费者心目中的影响力。而电子商务超越了时间和空间的限制，成为企业与消费者沟通的新媒介。全渠道铺设零售终端，长尾效应强，成为企业获取新顾客群的重要契机。例如，企业为了使消费者获得极致的购物体验，会提供线下自提、门店发货、任意门店退换货等服务，甚至有些企业将配送的商品包装成一个精美的盒子，使顾客获得拆开包裹的惊喜。

市场系统由众多交互的主体构成，消费者主体与企业主体是数量繁多的交互主体中基本的决定要素。由于由消费者对企业提供的产品做出最终判断，所以从逻辑上说，消费者主体的作用是不可替代的，也是永远不能被忽视的，消费者的判断对企业在市场上能否生存和发展起着决定性作用[41]。

尤其在以消费者为王的时代，消费者为主体，企业只有满足消费者的需求，才可以拥有相应的市场；企业如果无法满足消费者的需求，就可能被淘汰。因此，企业的全渠道运营以消费者利益为驱动，也就是说企业需要站在消费者的角度，从消费者利益的视角去考量全渠道运营。在全渠道的背景下，企业的运营重点发生了改变，转为对消费者的运营。

对于上线全渠道，企业领导层面的战略思维必须有一个转变。无论是人与人之间的区别，还是企业与企业之间的区别，都属于认知上的差异，所以企业上线全渠道如果不从思维上进行转变，结果是可想而知的。马云在讲到全渠道、新零售的时候，提出几个观点，包括可触达、可识别、可洞察、可变现，其中可变现是核心。因为企业做的所有事情的目的就是变现，使其转化为企业的利润。

综上所述，在全渠道模式下，企业内部的运营要真正站在消费者的角度进行设计，只有消费者从中获利了，企业才能实现全渠道运营的变现。

那么，在全渠道模式下，消费者到底从中获得了哪些利益呢？

消费者对门店的体验要求越来越高，企业通过全渠道门店可以更大限度地满足消费者的需求。在当前高度竞争的市场环境中，企业需要为消费者提供良好的体验感，这不仅能起到引流作用，也提升了门店业绩，成就了更高的线下门店的市场价值。

全渠道让消费者能够享受到统一便捷的服务。如果消费者在天猫购买的商品想要退换货，全渠道让这个体验变得更灵活，消费者可直接选择在线下门店实现该服务；此外，线上与线下的 CRM 系统的打通让消费者能够享受一致的会员积分待遇，实现线上线下积分同享[37]。

全渠道带给消费者的直观的体验有以下三点。

其一，买单排队的时间更短。智能大屏的出现，让线下实体店铺通过铺设电子货架支持在线购买，支付方式也呈现多元化。例如，麦当劳、肯德基的实体门店里会摆放多个智能大屏供消费者通过扫描二维码点餐，且完成支付结算，消费者无须再排队点餐。

其二，商品到手的速度更快。全渠道可以在任何地方和任何时间给消费者带来无差别的购物体验。无论通过什么渠道购买，消费者购买的商品都会在较短的时间内被送到消费者手中，消费者也可以选择到店自提的方式进行取货。在"双 11"期间，企业一般会在 24 小时内发货，商品最快可以在 20 分钟内被送到消费者手中。

其三，售后服务更全面周到。无论消费者通过什么渠道购买，其享受到的售后服务都是一样的。通过线上渠道购买商品的消费者仍可以享有线下门店的全部售后服务，消费者完全不用担心不同渠道提供不同的服务体验的问题。

全渠道打造的多种购物场景，为消费者带来了更优化的购物体验。调查数据表明，52% 的消费者表示，在实行全渠道模式后，对原本青睐的品牌会更加喜欢。对品牌而言，全渠道模式也有益于增强消费者的黏度和忠诚度。

4．终端利益

很多企业认为发展全渠道带给终端门店的是更多的运营压力和新事物带来的束手无策，其实不然，无论是从行业发展情况来说，还是从社会环境来说，发展全渠道、新零售早已成为必然。那么，全渠道能够带给终端门店哪些利益呢？例如，企业会转变原本传统的思维，电商平台不再是一家"虚拟店铺"，而是被作为一个流量的入口，线上考核流水，线下考核业绩，线上再帮助线下通过互联网模式做生意。

（1）为终端门店开辟更多渠道

在智慧新零售时代，影响传统实体门店业绩的客流、地段、位置等因素对生意的影响力正在淡化。终端门店完全可以通过更多的线上手段"引流",不再那么依赖门店的地段、位置等本身的"引流"能力,这在很大程度上解决了终端门店的客源局限性问题,使消费场景变得更加多元化,同时也为终端门店开辟了更多的渠道。

(2)提高了终端门店的运营能力

商品改价效率高

先进的零售系统和硬件设备的应用简化了商品的改价流程,一个人便可完成多人的变价工作,商品改价效率大大提高,可实现动态定价、实时促销,且电子价签可在云平台自动进行数据校验,防止标价错误或更新遗漏,保证价格的准确性。零售商可以灵活地调整商品价格,开展更多的促销活动,充分发挥价格对消费需求的拉动作用,提升终端门店的效益。

加强员工管理

通过全渠道的工作职责,对门店员工实施明确的绩效管理,通过信息技术简化员工的双手,并且门店所有的工作都可以在系统中有迹可循,每位员工的利益和绩效都得到了合理分配。

补货快

全渠道的缺货销售场景可以帮助终端门店实现快速"补货"的功能,

即使门店处于缺货状态，依然可以放心地接收订单，把顾客留住。另外，通过门店配备的硬件设备，导购更容易确定商品对应的货架位置，快速拣货，提高补货效率。

精准营销

利用大数据分析及线上平台收集的顾客购物行为，推算出顾客喜好，然后利用全渠道平台向顾客定向发送优惠资讯，实现精准营销，提升顾客购物体验及顾客进店转化率。

统一监管

零售企业通过监管实现对连锁门店的统一管理，可有效管理各个连锁门店，减少管理漏洞。

5. 企业利益

近年来，很多企业清楚地知道全渠道带来的好处，却因担心现有业务被蚕食未能抓住上线全渠道的机遇，这样的例子比比皆是。可见，这些企业因为没有真正明白全渠道到底是什么，全渠道到底如何运作，以及全渠道带来的利益到底是什么，所以这些企业才会为了保存短期的利益而失去了长久的利益。虽然企业错过了上线全渠道的时机，但是现在还为时未晚。传统企业在触网初期，为减少风险，多采用单点突破的方式，即通过在第三方平台（天猫为主）开设官方旗舰店来启动电商化转型战略。然而，随着传统企业触网速度的加快，平台上聚集的优势企业越来越多，企业之间在资源、流量、口碑等方面的竞争逐渐加剧。无论是从主动强化企业竞争力的角度来看，还是从被动维护企业形象的角度来看，全渠道运营都是企业的电商化转型向纵深发展的必然选择[42]。

全渠道运营是突破单店运营模式的发展瓶颈、提升企业发展高度的必然要求，让企业实现了线上线下流量的共享。消费者被天猫旗舰店的营销活动吸引并下单，可以选择在线下的就近门店取货，这样线上流量被引流到线下。单就运作层面而言，单店铺的触网运作流程比较简单，业绩提升的方式也比较直接。一般而言，虽然只要有足够的促销力度就可以迅速提升销售业绩，但随着企业电商化转型程度的加深，单店铺、少店铺（店铺量较少）甚至单渠道运营模式的弊端日益凸显。艾瑞咨询认为，一方面，碎片化时代流量被分散，单店铺的用户覆盖能力锐减，销售业绩增长的可持续性较弱，甚至面临业绩回落的风险；另一方面，单店铺的商品展示能力有限，消费者的购物体验受到严重影响。

尽管电子商务平台的虚拟货架具有无限延展性，但用户流量在不同页面之间及同一页面上的不同位置之间的分布呈现出明显的不均衡性，而流量聚集页面所能展现的商品数量毕竟是相对有限的，因此随着店铺商品数量的持续递增，将会有越来越多的商品无缘进入消费者的眼帘。消费者如果不能快速便捷地在店铺中找到中意的商品就会失去耐心，最终用户体验的不足将导致老用户流失和获取新用户受阻，这不但不能使企业所花费的引流成本得到有效分担，还促使经营成本攀升。

反观全渠道运营模式，由于其运营的复杂性和对企业的电商运营能力要求很高，因此刚开始销售曲线的增长比较缓慢。资源的稀缺性导致电商平台资源分配的不均衡性，企业只有在平台细分类目中甚至在整个平台上做到名列前茅，才能避免被淹没在拥有数以万计的企业的海洋中。艾瑞咨询认为，规模效应是企业"搏出位"的最佳途径，单店铺运营很难形成规模效应，全渠道运营则能够帮助企业突破单店铺发展的瓶颈，提升规模效应的高度。例如，同样是融资上市，具备全渠道运营能力的企业的市值比传统企业高出数十亿[42]。

3.1.3 经营效益

研究发现，全渠道发展对零售企业的经营效率呈现正负两个方向的影响，如图 3-1 所示，其中，正向影响是通过市场扩大、消费频率提高、消费者忠诚度提升和管理成本降低四个方面产生的，负向影响是通过成本劣势和渠道劣势产生的。综合而言，全渠道发展对零售企业经营效率的影响结果是正向的。因此，企业要加强全渠道运营，通过运营手段提升企业的经营效率[1]。

注："+"表示影响为正向，"-"表示影响为负向。

图 3-1　全渠道发展影响零售企业经营效率的路径框架

1. 全渠道发展对零售企业经营效率的正向影响路径分析

学术界和商业界经过研究，得出的主流观点是零售企业通过开展全渠道，在市场、消费频率、消费者忠诚度和管理成本四个方面获得了收益，从而改善了零售企业的经营效率。

（1）新增渠道和渠道互动推动市场扩大

虚拟商圈的拓展扩大了市场空间，也是新增渠道市场扩大的主要收益来源。虚拟商圈的扩增速度已远远超过传统商圈，耗费的资源也比传统商圈少很多。在互联网快速发展的今天，虚拟商圈的技术创新效应、规模经济效应都要好于传统商圈。

渠道互动带给零售企业的收益主要来源于渠道间的跨渠道行为，即鼓励消费者从线上渠道转移到原有的实体零售等线下渠道，促进包含多个渠道的全渠道发展。

（2）打通多环节，提升消费频率

相关研究报告指出，发展全渠道需要零售企业打通营销、商品组合、供应链、价格、下单、会员、支付、客服等多个环节。消费者通过各种渠道将更大范围、更高频率地接收各种促销信息，并且便利地查阅到商品信息及价格。这种多触点的渠道模式加速了消费者购物的进程，有助于提升消费频率。

（3）全方位精准服务提升消费者忠诚度

研究表明，发展全渠道可以使零售企业从社交化、本地化、个性化、移动化转化为全方位地为消费者提供精准的商品和服务，满足消费者的多元化购物需求，因此全渠道发展有助于提升消费者忠诚度[43]。Wallace 等人的研究表明，使用全渠道模式与消费者进行沟通的效率要比使用单渠道模式高 34%，多渠道模式中的消费者对企业的忠诚度也会相应提高。

（4）改善业务流程，降低管理成本

全渠道模式提升了零售企业的商业经营管理能力和销售能力，帮助零售企业降低了成本，改善了零售企业对消费者的服务能力，从而实现盈利最大化。因此，全渠道发展不仅为企业的管理后台提供了管理经验和管理技术，还有助于改善零售企业的业务流程和管理水平，降低管理成本，从而达到降本增效的目的。

2. 全渠道发展对零售企业经营效率的负向影响路径分析

研究认为，全渠道发展对零售企业经营效率的负向影响是通过渠道劣势和成本劣势产生的，具体表现如下。

（1）渠道替代和渠道负向溢出导致渠道劣势

虽然提升全渠道的服务质量有助于提升消费者满意度，但在消费者的渠道选择上仍然存在竞争和替代效应，也就是说渠道的服务质量越高，消费者的黏度越高，使用其他渠道的意愿越低 [44]。

（2）销售费用和管理费用增加带来成本劣势

有些学者认为，在组织结构上，全渠道零售商往往采取分散的形式，权力下放的组织结构虽然有诸多优点，但也可能会出现人员的重复问题，导致业务流程的效率降低，且容易引起渠道冲突，最终导致管理费用和销售费用增加。另外，也有学者认为，实现以消费者为中心的数据集成是全渠道发展的重要保障，而这也将促使企业在系统建设方面加大投入。

综上所述，全渠道发展对零售企业经营效率的影响显著，离不开企业内部对全渠道的有效管理。企业应具有长远的战略眼光，通过企业内部完善的全渠道运营这个有力抓手，尽可能地规避全渠道发展带来的负面影响，进而提升整体经营效率。

此外，全渠道发展也不是在全域采取统一的模式，发展布局应注意因地制宜。在互联网发展较慢的地区，全渠道业务将会受到制约，可能会导致效率降低，这些地区应当注重线下实体零售业务的发展。在互联网普及率较高的地区，零售商应注意控制全渠道发展过程中的成本劣势、渠道替代、渠道负向溢出所带来的负面影响。

3.2 什么是全渠道运营

企业的全渠道转型、店面设计、IT 系统建设等只是场景和工具，运营才是全渠道转型成功与否的关键所在。虽然场景和工具非常重要，但是一定要通过人的运营，场景和工具才可以更好地促成买卖成交，否则一切都没有意义。

有人说运营不重要，我的全渠道转型可以靠技术，我有很先进的技术可以和消费者进行互动，但是运营是 1，技术是 0。即使先进的技术可以把人吸引进来，让人感觉舒服，但是人进来了如何转化成交易才是关键所在。所以，技术只是工具，盲目追求技术而无运营者没有发展前途[45]！

企业应该整体、系统地理解和支持全渠道。全面的全渠道理念应包含各种可能性，支持企业识别并寻求不同阶段的解决方案。如果没有运营体系的支撑和管理，系统化全渠道就不可能走远甚至不可能实现。因此，企业的全渠道运营是一种能力建设，企业内部需要培养这种能力，这种强有力且可持续的全渠道能力来自全渠道运营的规划设计，主要包括组织模式、信用体系、培训体系等几个方面。

3.2.1　全渠道运营的主要构成要素

1．组织模式

全渠道的组织设计需要考虑组织的四个基本要素（人员、流程、组织结构、工具/方法论）如何统一，而考虑的原则和模式随着全渠道发展到不同阶段，又可以无缝地融合到组织的总体设计中。这样做的意图是组织创建一个大型的、资源密集型的影子模型。准确地说，这样做可以明确地识别和定义人员和部门的特定角色和职责，从而在企业内部进行有效的部署。例如，在全渠道模式下，较为优秀的企业会成立"新零售"部门，它是基于互联网模式的商业部门，与线下渠道实施同等的业绩考核。不同的是，这个部门推行以数据和互联网为基础的运营模式，在开拓一条新的道路，更加智能和精准。

"走向全渠道的核心，是基于从以商品为核心到以内容为核心的消费洞察重构，触发企业内部的组织之间的重构、职能之间的重构，充分利用互联网爆发全渠道力量[46]。"

—— 阿里巴巴集团首席执行官 张勇

可见,组织模式在企业进行全渠道转型的过程中是一个很重要的因素。企业的全渠道转型会带来经营模式的变化，企业内部的组织模式也要进行相应的调整以适应这种变化，或者说有了组织模式的相应转变，企业的全渠道转型才可以走得更远。企业内部组织模式的转变，可以围绕以下三个方面进行。

（1）组织架构

企业在开始实施全渠道转型时，可以尝试思考并回答下面两个问题。

- 当企业内部进行转型时，现行的组织架构会产生哪些问题?
- 是否应调整组织架构，增设与全渠道相关的职能部门?

其实，当企业现有的组织架构"遇到"全渠道转型时，产生的矛盾和冲突通常体现在以下四个方面。

- 销售部门和电商部门之间

销售部门和电商部门的 KPI 不同，企业现有的组织架构不支持销售、客户经营、电商等部门的跨部门工作。

- 线下渠道和电商平台之间

潜在取舍和冲突——有时没有短期的共赢方案。

- 内部各品牌之间

各品牌的 KPI 和资源不同，汇报线不予支持。

- 业务部门和 IT 部门之间

业务部门认为全渠道的转型是 IT 部门的技术转型，IT 部门认为全渠道的转型是业务部门的变革。

上述矛盾和冲突需要通过企业内部优化甚至调整组织架构来解决。这时有人可能会问，组织架构要怎么调整以及要调整成什么样。笔者认为，每个企业的基因不同，因此组织架构的调整方法和建设成果也不尽相同。企业需要根据自身的基因特性和全渠道的建设目标，建设与自身相适应的组织架构。所以，企业的全渠道组织架构的建设没有标准答案，如图 3-2 所示。

对于组织架构的调整和建设，各企业的节奏参差不齐。有些企业将全渠道定位为一种新的销售途径，于是直接让传统的销售部门负责，甚至在销售部门下面直接设立一个全渠道团队，由销售部门进行统筹管理。从表面上看，这样的组织架构能够形成更为全面的终端观察，并及时适应终端的趋势变化，但是企业内部的电商团队将不可避免地与传统销售团队发生冲突。因为销售部门以保障业绩为导向，这样就会使得销售团队和电商团队的利益划分出现矛盾，进而导致企业内部的电商资源无法很好地配合全渠道转型。再者，销售团队可以协调到的资源或者对全渠道的资源倾斜有限，最终会使得全渠道团队的发展受到阻碍。

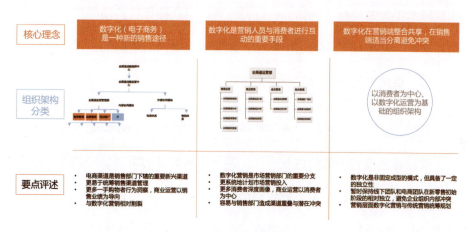

图 3-2　全渠道组织架构

一些眼光长远的企业试想着设立一个独立的全渠道部门，并且直接向企业领导汇报。完全独立的组织架构使团队不受既定的传统工作模式的限制，更有利于形成敏捷、扁平、去中心的组织。不过，这样的架构设置需要清楚地界定各职能部门的工作范围和职责。

（2）协调合作

在进行全渠道模式的转型时，企业内部如果进行了组织架构的调整或者建立了新的组织架构，又会出现新的问题。例如，各职能部门的责任和权利如何定义？在全渠道影响下，各项业务的决策流程及决策中心如何设计？

在全渠道的颠覆下，部分业务的决策流程和决策中心正在悄然发生变化。企业内部一些原本分散的职能在全渠道的帮助下趋于集中化管理，以实现降本提效的目标。例如，在过去零售门店往往凭经验指导组货、决定商品定价，在增加了全渠道平台后，企业能够对门店货品的选择及定价提供支持，更加智能高效地管理多个渠道。

另外，全渠道业务的完成往往需要跨职能协作，企业需明确各职能部门在关键业务流程中的角色及责任。例如，新场景的策划、全渠道的培训推广、全渠道运营、全渠道的营销活动，甚至当电商部门打算进行线上促销活动时，线下门店的运营如何推进，或者大促期间线上和线下如何合作实现共赢，这些都将是企业在成立全渠道部门之前应该梳理清楚的问题。否则即使成立了全渠道部门，全渠道的转型也会遇到绊脚石。

（3）治理机制

许多企业对如何进行全渠道转型毫无经验，在开展前期会遇到种种问题，阻碍全渠道的转型。例如，应该从哪儿开始行动？全渠道的转型要如何实现？如何进行团队激励？如何量化全渠道带来的价值？这些问题的解答基于拥有完善的治理机制。

在进行全渠道转型之前，企业管理者应站在一定的高度，平衡战略层面的"远虑"与业绩层面的"近忧"：结合全渠道的战略目标，确定全渠道中各项举措的轻重缓急，合理分配项目资源。与此同时，制定有效的激励机制也至关重要，激励机制不仅包括企业内部各职能部门之间的激励机制，还包括终端门店之间、各个渠道之间的激励机制。合理的激励机制不仅有效地保障了全渠道项目的落地，也对全渠道的转型带来正面影响。

此外，企业需要针对参与全渠道项目的相关人员设置合理的绩效考核方式，进而有效地跟踪和监控全渠道转型的进度和效果。全渠道团队还需要进行阶段性复盘，回顾全渠道的落地执行效果，综合评价现阶段的投入产出情况，并及时调整全渠道项目的阶段性目标，以保障持续、高效地推进全渠道。

企业的全渠道团队需要什么样的人才？这些人才需要通过什么方式进行培养？如何才能留住人才？这些是企业在进行全渠道构建时会考虑的问题，所以企业的全渠道转型是企业能力的体现。企业应该根据自身的基因特性和战略需求，优化内部的绩效考核方式[47]，通过建设全面系统的人才梯队，让各职能部门的人员都可以从中获益。

需要注意的是，企业的人才梯队建设，还需要明确哪些能力可以自建，哪些能力需要借助外部资源或者外部生态系统进行建设。越来越多的企业开始利用网络社交工具做品牌宣传，投放招聘广告以吸引人才。同时，这些企业还通过建设网络课程体系实现对员工的培训。另外，有一部分的企业开始尝试通过建设企业内部的网络社交平台，增强员工之间及员工与企业之间的情感联系。需要注意的是，企业建立敏捷的机制，体系不是一朝一夕就能完成的，而是要历经阶段性的转变过程，一般完整的转型需要持续 2 ～ 3 年的时间。

2. 信用体系

现阶段，无论是从国家角度而言，还是从个人角度而言，信用体系都是很重要的一部分。企业的全渠道信用体系建设是一项复杂的工程，它是指在企业的推动下，通过企业内部各职能部门、各渠道之间和终端门店等的密切配合，逐步建立和完善适应全渠道模式的信用体系。企业通过全渠道信用体系的建设，来约束全渠道相关职能部门及各渠道之间的行为。另外，企业通过全渠道信用体系的建设，还可以实现如下目标 [48]。

- 为消费者提供充分的、透明的、完整的产品系列，在规模、质量和类别上满足消费者需求；

- 在企业内部各职能部门、各渠道以及终端门店之间形成良好的信用秩序和信用环境，让诚实守信者获利，违约失信者失利；

- 降低交易成本,提高资源配置效率,有力地推动企业的全渠道转型。

企业进行全渠道信用体系的建设,应从以下几个方面着手。

- 信用管理体系;
- 信用评价体系;
- 信用监管体系;
- 信用风险转移机制。

以上内容构成了企业内部完整的全渠道信用体系。在这套信用体系里面,企业内部的职能部门、客户(代理加盟商)、终端门店、线上渠道、物流等是必要的构成要素,也可以说是信用体系的支柱。这些支柱是相互独立的,而且每个支柱的强弱有所不同,如果一个支柱较弱,负担就落到其他几个支柱上面,如果很多支柱都弱,那么企业的全渠道转型就很难推行,甚至会导致企业的全渠道信用体系的坍塌。

此外,企业的全渠道信用体系的构成,应涉及全渠道的每一个环节(如下单、派单、接单、拒单、打包、发货、签收、顾客评价等)。全渠道利益相关方在每个环节的行为,都会直接影响自身的信用积分。企业会将信用积分的高低作为除收件就近原则以外的最高原则,一些门店的管理者因为不重视日常运营管理,致使门店的信用积分较低,在"双 11"即将来临之际只有干着急,因为他们知道信用积分的高低将决定他们是否能够搭上"双 11"这趟大促列车。全渠道信用模型如图 3-3 所示。

基准	风险					机遇				
900	50	90	180	360	720	720	360	180	90	50
700	40	70	140	280	560	560	280	140	70	40
500	30	50	100	200	400	400	200	100	50	30
300	20	30	60	120	240	240	120	60	30	20
100	10	10	20	40	80	80	40	20	10	10
	50/ 非常低	100/ 低	200/ 中等	400/ 高	800/ 非常高	800/ 非常高	400/ 高	200/ 中等	100/ 低	50/ 非常低

注：全渠道信用体系贯穿于全渠道运营管理的始终。
当运营过程中判断为机遇时，信用积分为正向累加分值。
当运营过程中判断为风险时，信用积分为负向累加分值。
通过信用体系和信用积分矩阵，品牌的终端已经实现良好的自循环，积极支持全渠道。

图 3-3 全渠道信用模型

企业通过建立全渠道信用体系，一方面可以约束全渠道利益相关方的行为，另一方面可以提升全渠道利益相关方的履约能力，最终使企业内部形成良性循环。

3. 培训体系

企业的全渠道转型不能只是一纸空文或者一句口号，需要企业尽快落实下来，并且快速推广到终端，而全渠道的落地需要完善的培训体系的支撑。很多企业内部可能已经有专职的培训人员或者团队，对终端员工进行日常的相关培训，但是由于培训思想陈旧、培训制度缺乏实用性、员工培训体系不完善、培训人员缺乏专业性，加之运作不规范、培训执行力不强、缺乏团队学习精神、员工对培训的理解存有误差等，导致企业没有收到良好的培训效果，这也是企业当前在建立培训体系时普遍存在的问题[49]。例如，我们遇到过一些企业，将全渠道作为一项新增的系统模块来进行培训，终端员工的理解是企业又推出了一项功能，但对全渠道带给终端员工的价值一概不知，从而导致全渠道业绩不佳。

一套完善、全面的全渠道培训体系应该包含培训课程体系、培训讲师体系、培训效果评估和培训管理体系。企业要厘清如何建立这四个方面的体系，其中的要点是什么，如图 3-4 所示。

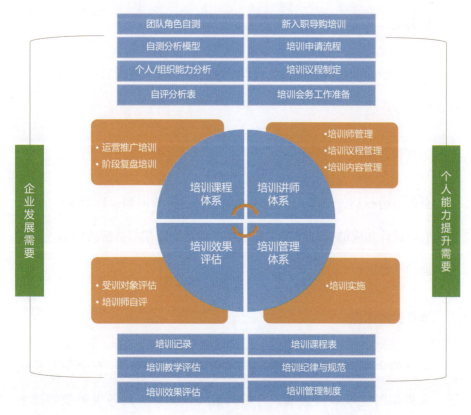

图 3-4　全渠道培训体系

（1）培训课程体系

推广培训课程

推广培训课程的效果直接影响到终端门店对全渠道的掌握程度和接受程度。如果企业内部将全渠道的培训仅仅定义为系统功能的培训，那么在培训结束后，终端员工学会的只是系统的操作，甚至会认为培训会增加他们的负担。所以全渠道的培训应该站在终端员工的角度进行设计，设计出终端员工能够听懂、能够吸收的培训课程，让终端员工能够理解全渠道的理念，并且接受全渠道。

全渠道培训课程内容的设计可以从应包含场景、商品管理、系统操作等方面进行。

运营管理课程

全渠道运行后，终端门店会表现出各种各样的问题。针对这些问题，企业应该设计相应的管理课程，并通过培训帮助终端门店解决问题，保障全渠道的平稳运行。

节日促销课程

完整的全渠道培训课程还应该包括节日促销课程。在全渠道模式下，大促期间应该如何备战，终端门店应该如何应对各渠道喷涌而来的订单，企业又应该如何应对订单量暴增、库存储备不足的问题，终端门店的发货时效是否需要做调整，这些都需要在节日促销课程中有所体现。

（2）培训讲师体系

企业要有专职的讲师，兼职的讲师已无法满足业务发展和能力提升的需求。企业需要通过自己的力量来促进组织能力的提升，推动企业的变革发展，这股力量就来自培训讲师体系。

企业可以针对不同的培训内容设置不同的培训讲师，也可以根据不同的销售区域设置专属的培训讲师。不管培训讲师的体系结构是什么样的，企业应让讲师之间保持相互连通的状态，并且要有明确可实施的讲师晋升机制。

培训讲师队伍的建设分为六个重要环节：选、育、评、晋、留、激，每个环节的主要内容如下 [50]。

选

选拔的讲师必须是具备全渠道业务知识和系统能力的人，必须积极支持全渠道，同时对门店的操作流程和运营事项熟悉，这样才能将全渠道的业务知识匹配门店管理，传输给门店。

育

选拔出来的讲师在掌握了最初的培训内容以后，还需要不断学习新的知识。企业要给讲师提供自我培训和企业培育的环境，让讲师跟上业务的发展，反哺业务。

评

在完成讲师培训工作以后，要有相应的工作反馈，帮助讲师对已完成的工作进行评价，既能够帮助讲师完善自身工作，又能够帮助企业了解目前的终端情况和暴露出来的问题。

晋

明确的晋升机制能够鼓舞讲师的士气，促使讲师积极地工作。

留

企业在培养讲师晋升的同时，也要考虑为企业各职位保留充分的培训资源，毕竟能够把全渠道掌握透彻需要一定的时间成本，能够把全渠道知识准确地传输给门店，对讲师来说也是一种能力。

激

激励的手段包括愿景激励、赞美激励、荣誉激励、晋升激励、情感激励、培训激励、竞争激励、授权激励、餐饮激励、娱乐激励等。激励的具体措施始终是围绕某种价值观而展开的，因此企业可以制定不同的激励机制，以达到讲师的价值契合点[51]。

（3）培训效果评估

培训效果评估是在受训者完成培训任务后，对培训计划是否完成或达到预期的效果进行的评价、衡量，内容包括对培训设计、培训内容和培训效果的评估。培训效果通常通过对受训者的反应、学习、行为、结果四类基本培训成果的衡量来测定，包括以下内容。

- 培训及时性；
- 培训目的设定合理与否；
- 培训内容设置；
- 培训素材选用与编辑；
- 培训讲师选定；
- 培训场地选定；
- 受训群体选择；
- 培训形式选择；
- 培训组织与管理。

（4）培训管理体系

企业的培训团队管理要有明确的管理制度，其目的主要体现在以下几

个方面 [52]。

- 帮助企业领导者及时掌握企业内、外部环境条件的变化，了解企业员工的思想状况与工作情况，以及员工对相关知识与基本技能的掌握情况；

- 使基层管理人员尽快掌握必要的管理技能，明确自己的职责，改变自己的工作观念，熟悉工作环境，习惯新的工作方法；

- 使专业人员熟练掌握与本企业相关的知识和技能，及时了解各自领域里的最新知识，与社会发展相适应；

- 为员工提供再学习和深造的机会，以实现其个人的价值；

- 使一般员工了解企业及产品概况，掌握工作规范和必要的工作技能，明确责权界限，以求按时完成本职工作。

4. 风险管控

全渠道零售的实质仍然是零售，也就意味着全渠道零售仍然以满足消费者的原始需求为出发点。消费者看中商品的效用和功能的原始需求是不会变的。所以无论零售业怎样变革，都始终应该以满足消费者的需求为导向来开展经营活动，为消费者提供更优质和个性化的服务。但是全渠道零售是一种新型的商业模式，在运营上必然会存在一定的风险 [53]。例如，企业在将全渠道模式推广给代理加盟商的时候，其中有一个场景叫作"门店缺货销售"，代理加盟商因为看到了这个场景的"价值"而减少订货量，这让从未在全渠道运营方面"踩雷"的企业"汗流浃背"。

（1）会员风险：售后服务

- 线上订单，顾客想要在线下的任意门店退换货；

- 顾客收到脏、残、次商品，来下单门店进行投诉，下单门店怎么办；

- 线上顾客定制商品的退换货问题。

（2）渠道风险

网络渠道管理的难度提升

在全渠道模式下，企业的管理模式扁平化，管理跨度被拉伸。通常，一家企业往往要对接数十家甚至数百家网络分销商，如何制定渠道策略、如何对网络零售商品进行定价、如何平衡线上线下的渠道之间及网络分销商之间的利益关系、如何争取集团层面的资源支持、如何培育和扶持优质分销商、如何提升分销商的品牌忠诚度……都是企业进行网络精细化运营的必修课程。

线下实体渠道订货效率低

线下实体渠道采用电话、传真、Email、QQ、微信等方式订货，处理周期长，费时费力，存在严重的沟通障碍，反复沟通成本高，订单处理低效，从而导致订货效率低。

网络分销商招募难度增加

电商平台的开放模式日渐走俏加速了网络分销商之间的竞争，网络分销商的层级差异越来越明显。一部分优质的网络分销商已经凭借先期流量、口碑及店铺品牌积累，拥有了一大批忠诚用户和良好的店铺信誉，以及一支真正符合电子商务要求的经营团队。艾瑞咨询认为，随着传统企业触网速度的加快，这批优质的网络分销商成为企业争先抢夺的稀缺资源，招募难度递增。

线上渠道与线下渠道之间的冲突加剧

以传统零售为典型的实体经济的萎缩和以网络零售为代表的虚拟经济的扩张形成了鲜明的对比，受电子商务的吸引，传统企业纷纷抢滩以寻求新的增长突破口。与此同时，电子商务也因此被推上了风口浪尖，成为线下渠道发泄情绪的"靶子"。"电子商务抢了线下的客户""电子商务扰乱了品牌的价格体系""实体店因电子商务的冲击而被迫关闭"等主观的评价犹如巨浪般涌来，使线上渠道与线下渠道之间的冲突加剧。

（3）价格风险

在互联网渗透到生活的各个方面的时代，商品的价格越来越透明，但是批发商、零售商等渠道商陷入了困境，相互杀价行为尤为突出，所以对渠道商进行价格管控尤为重要。

合理的渠道利润价格表

行业不同，渠道对产品的利润要求也不同。消费品批发商、零售商要求毛利在 20% 左右，服饰类批发商、零售商要求毛利在 50% 以上。不管是线上渠道还是线下渠道，满足各方利益的渠道利润价格表一旦制定、发布，各渠道必须严格遵守，不得擅自调高批发、零售商品的价格。

渠道价格管控体系

规定相应的供货折扣，线上线下同款同价。传统零售面临着渠道分散、客户体验不一、成本上升、利润空间压缩等多个困局。新零售将从单向销售转向双向互动，从线上或线下转向线上与线下融合。

各渠道价格体系混乱，价格管控难，市场销售秩序混乱，用渠道价格管控体系统一管理产品价格，规范市场秩序。

制定严格的渠道惩罚政策

渠道各方长期遵守价格管理政策，这是企业的良好愿望，但是渠道商会因为资金、竞争、客户等问题有意无意地擅自降价或涨价，引发渠道价格混乱。因此需要制定严格的渠道惩罚政策，对那些扰乱渠道价格的渠道商进行惩罚。

（4）绩效管理风险

先有"绩效主义毁了索尼""儒家文化不适合绩效管理"等说法，后有万科董事会名誉主席王石称"绩效主义是企业的脓包"，接下来小米创始人雷军说："KPI不是不适合现代企业，而是不适合所有企业。"还要不要实施绩效管理，着实让很多企业纠结不堪。绩效管理肯定要实施，考核的内容才是最重要的。很多管理者混淆了一个概念，认为失败了就是绩效管理出了问题，如微软就是声讨绩效管理的企业之一。

当战略方向不对时进行绩效管理，可能会给企业造成更大的损失

绩效管理的最根本目的是让战略落地，使企业的战略目标融入每一个员工的工作目标。战略是什么？战略是方向，绩效管理是方法。换句话说，绩效管理的基本作用是让每一个员工在正确的方向上走得更快更好。然而，一旦战略方向是错误的，绩效越好，则意味着企业在错误的方向上走得越远。

监管执行

全渠道运营对于运营管理人员来说是一块新的领域，面对企业的全渠道运营，运营管理人员对全渠道的落地执行及监管都会出现各种前所未有的问题。在绩效管理工作中，运营管理人员在知识、能力或者经验方面肯定存在一些不足，从而导致出现各种漏洞，产生风险。

针对量化工具建立明确的绩效等级评估标准

很多企业虽然引进了先进的量化工具,但是在考核标准上没有进行细致的量化,因此,企业要想使绩效考核令人心服口服且具有良好的公信力,就应该针对量化工具建立明确的绩效等级评估标准,让每个员工明白自己为什么在考核中表现优秀或不足。

3.2.2 全渠道运营方法论

企业的全渠道转型分为六个阶段,在每个阶段中,企业遇到的需求、困难、风险、盲点和取得的阶段性成果都不尽相同。因此,企业需要依照每个阶段聚焦相应的阶段性成果,提出相关的方法策略,并且匹配与之相符的资源。每个阶段都有与之适配的"加速器",能够加快企业的最佳方法实践。在与大量公司联手进行全渠道落地实践,再结合我们的运营经验对未来商业的发展进行评估后,我们认为,企业应当关注三大主题、六大领域的变革,才能够在向全渠道转型的浪潮中立于不败之地。

主题一:明道

变革一:全渠道模式对外应当以消费者为中心,重构人、货、场,全面优化消费体验;对内则是企业战略、组织模式、经营模式的升级。

主题二：优术

变革二：在商品运营与消费者运营领域，主要变革包括真正理解消费者的需求、升级以消费者为核心的服务和实现以场景为中心的消费组合。

变革三：在通路管理与零售物种领域，主要变革包括减少损耗、降低通路成本，在通路管理中寻找透明（行业内共识，不存在分歧与矛盾点）与冲突（存在争议）的平衡，通过新技术、大数据提升消费者的体验效果和零售效率。

变革四：在组织管理与人才培育领域，主要变革包括去中心化，提升组织内的协同效率；建立适应快速变化的人才培训机制；通过全渠道运营模式，积累数据，反复学习、提升。

主题三：立本

变革五：建立全渠道模式下的运营体系。

变革六：大数据及新科技的发展对全渠道的各项具体举措的实施可提供支持。

3.3 如何做全渠道运营

3.3.1 指导思想

我们发现，来自传统零售企业的领导者们，因其企业基因不同而有着各自独特的见解。虽然大家对全渠道模式有助于企业能力的提升、有助于企业适应未来的各种商业变化、保持业务目标一致等方面有着相对的共识，但对全渠道模式的落地方法缺少一致意见。无论如何，来自每个领域的领导者们都应该积极采取行动，为企业能够适应、甚至引领行业发展而转变思想。例如，很多企业在全渠道场景中，"先做线下，后做线上"，希望通过线下的缺货销售场景，让终端门店养成思维习惯，利用企业自身的全渠道运营体系解决在同一个利润中心下存在的拒单多、时效慢等问题。

企业要做好全渠道，理解以下三条指导思想至关重要。

- 将全渠道模式作为企业的一把手工程是关键；
- 全渠道运营在构建全渠道过程中处于核心地位；
- 全渠道运营是企业适应未来商业变化的一种能力。

"企业转型全渠道"是企业的战略转型，它将全渠道战略与底层的业务联系在一起，确保全渠道为企业的整体目标服务。它也着重指出了业务组合，要求明确地考虑消费者、零售场、供应链、生产和研发的优先顺序。

尽管不同的企业对于全渠道模式可能具备相同的组价，但各家企业的构建质量和应用可能截然不同。成功的全渠道模式并非来自"一刀切"的理念，由于行业、地区、历史和环境等因素的影响，在一家企业中能够成功实现的全渠道模式可能在另一家企业中就会失败。我们在走访的近百家全渠道客户中发现，每家企业的全渠道模式都是独一无二的。全渠道框架为企业构建全渠道模式提供了科学依据，在企业中的具体应用也是一门艺术。

全渠道转型不是企业独自能够实现的，需要有共同目标且相互关联的企业携手完成。它们通过相互协同，并在各场景下积极互动，形成利益共同体，与独立的运营部门相比，这样的全渠道利益共同体通常能够为企业创造更高的价值。

在企业进行全渠道运营的过程中，有七大"加速器"能够加快运营实现，这七大"加速器"包括先共识再规划、先技术后运营、先直营后加盟、先线下后线上、先起量后起价、先标杆后复制、先激励后分润。无论如何，来自每个领域的企业领导者都可以积极采取行动，在快速变化的全球经济条件下，让自己的企业能够迅速地应对各种变化。

3.3.2 发展阶段

企业参与全渠道，无论企业处于全渠道运营的哪个阶段，在整个营销及运营期间都要改变传统模式，重构人、货、场，以消费者为中心，全面优化消费者的购物体验。

1. 导入阶段

企业在基础能力构建完成后，就已经进入了全渠道运营的初期阶段，也就是全渠道运营的导入阶段。经过前期的技术落地，接下来就要开始实施相关举措。

进入导入阶段，企业要明确本阶段的目标。本阶段的目标和为实现目标可采取的举措如下。

（1）全员破冰

企业在完成全渠道推广培训以后，要通过一系列举措保证推广的终端门店能够在指定时间内完成全渠道订单的"破冰"。企业可以举办一系列的活动、比赛或者通过一定的激励方式，来刺激终端门店参与全渠道运营的积极性。全渠道运营的实现不仅仅依靠企业上层的决策，更需要获得终端门店的支持。

（2）保持终端门店的黏度

一般终端门店在经历了企业推广全渠道运营的高潮期后，就会逐渐回归平淡，出现松懈，甚至"淡忘"的情况。因此，企业要在这段时间内保持与终端门店的互动与联系，让终端门店逐渐养成习惯，把全渠道运营贯彻到日常的经营管理中。

（3）实现运营管理

在本阶段，全渠道全面铺开，企业需要制定初步的运营管理制度来管控终端门店的行为，完善管理体系，并且针对后期出现的运营问题要有明确的可评估指标，对于发展到不同程度的门店，要有与之对应的激励政策。当全渠道运营达到一定程度时，企业可以建立标杆店铺，以点带面，实现更多区域的标杆打造。

2. 成长阶段

导入阶段是企业实施全渠道运营的初期阶段，需要企业自上而下地进行基础技术设施的搭建，接下来企业需要落实运营举措，进入全渠道运营的成长阶段。成长阶段是企业真正开始全渠道运营的核心阶段，不仅需要企业具备基础运营能力，也需要企业进行阶段复盘、大促备战等活动。在成长阶段，企业要想取得全渠道的发展，需要从以下几个方面着手。

（1）资源整合

在传统零售模式下，企业都是通过单渠道或者多渠道进行运营的，消费者购物渠道、场景比较单一，不能实现多样化的购物形式。全渠道运营是实现所有渠道的资源整合，资源整合是全渠道运营的关键因素之一，也是企业做全渠道的目的之一。通过资源整合，企业能够最大化地利用各方资源，实现全域营销，把全渠道运营的成本和风险都降到最低。

（2）业绩提升

全渠道运营能够成为现代企业发展的大趋势，不仅因为其能够为企业进行资源整合，降低风险，还因为全渠道运营能够提升各方的销售业绩。企业通过全渠道运营实现业绩提升已经是企业必须走的一条路。

（3）降本增效

全渠道运营不仅为企业带来业绩提升，也给企业带来运营成本的降低，减少商品周转调拨的次数，带来运营效率的提升。

（4）数据驱动

全渠道零售的未来是朝着数字化的方向发展，企业可以通过数据驱动全渠道运营，全面实现数据化。目前，我国零售企业的运营中数据化程度不高，与西方发达国家的差异较明显。数据化程度不高导致"数据孤岛"

的出现，表现为各个平台虽然都有不同的消费者数据，但是数据之间是相互分散和割裂的，无法实现互通互联，从而无法挖掘并解释潜藏在数据中的巨大价值。在全渠道时代，企业可以借助各种技术手段，实现全链路数据化的商业运营，让企业内部各种数据平台之间、内部各种数据平台与外部生态系统之间实现互联，达到让数据为商业决策服务的目的。企业进行数据沉淀，通过沉淀的数据对人、货、场进行重构，打造企业特有的全渠道模式。

3.3.3　实施方法

1. 导入阶段

（1）实施内容

全渠道运营的导入阶段应该包含以下内容。

激励方案

激励方案要分阶段进行，培训推广期需要破冰激励方案，培训推广期结束以后，全渠道运营进入平稳期，这个时候也需要激励方案来鼓励门店积极参与。这是因为全渠道属于新事物，导购原来没有接触过，在培训刚完成后，导购有新鲜感，所以积极性很高，一旦这股新鲜感过去了，就会出现两极分化：一部分门店店长很重视全渠道的推广，所以经常督促导购进行练习，充分掌握技能，当顾客进店后，也能抓住机会进行实际操作；另外一部分门店店长不重视全渠道的推广，在培训完成 2～3 周以后，导购就忘记怎样操作了。从结果来看，一般在一个月以后，有的门店尝到甜头，一直有业绩，并且越来越好，有的门店迟迟不开单，对全渠道运营的兴趣越来越低，最后索性就放弃了。因此，需要制定适当的激励方案。

管理制度

企业具有良好的管理制度是企业良性发展的关键之一，"无规矩不成方圆"是企业实施制度化管理的根本宗旨。在全渠道运营初期，企业中层及终端人员对全渠道的接受能力有限，对标准与原则的界限也不清晰，因此，此时需要管理制度的约束和指导。制度化管理意味着企业管理的程序化、标准化、透明化，这样不仅可以促进员工不断改善和提高工作效率，还可以从根本上解决企业制定决策的"一言堂"问题。企业的决策不仅是高层的决策，还是中层和基层员工的决策，企业做出决策必须有科学依据，过程必须程序化、标准化、透明化，最终的结果必须经得起市场的考验和实践的检验，最大限度地减少决策失误[54]。例如，如果门店超时发货或者拒单，都将受到 20～50 元不等的惩罚，一旦被发现直接将罚款上缴管理群。

全渠道运营的管理制度应该包括以下内容。

- 全渠道运营管理组织；

- 全渠道运营管理组织的职责划分；

- 全渠道发货管理措施；

- 全渠道运营奖惩制度。

培训体系

企业进行全渠道运营，应有一套完善的培训体系、一支健全的培训队伍、一套完整的培训方法论，在不同阶段推动全渠道的发展。无论是前期推广还是后期运营管理，培训内容都要完全覆盖到。例如，企业在构建全渠道的过程中，会阶段性地对相关人员进行培训。我们曾经看到某企业将培训手册做成一个动画手册，把每个细节通过虚拟人物的诙谐幽默的话语告诉大家。

标杆店铺

在全渠道运营期间，企业需要打造标杆店铺塑造全渠道价值，标杆店铺是规范的门店运营体系的重要体现，企业先进行标杆打造，再进行大范围的培训推广，以提高终端店铺的效益，进而快速高效地进行全渠道运营，所以打造标杆店铺对全渠道运营来说是至关重要的内容。打造标杆店铺要有一系列的步骤和标准，具体内容如下 [55]。

- 制定标杆店铺评估标准：标杆店铺的甄选需要对各方面进行量化
  分析，需要制定一套易于理解且具有普遍性的评估标准（多指标体系），用于衡量哪些店铺适合被打造成标杆店铺；

- 评估各店铺绩效：通过制定评估标准，终端管理人员需要收集相应的指标数据，把根据指标数据选出的绩效评估标准应用到正在进行标杆管理的项目中去，得出当前的绩效评估结果；

- 确定标杆对象：根据各店铺的绩效评估结果，选择绩效最好的几个店铺作为标杆对象，然后全面地了解这些店铺的工作流程、优秀方法、解决措施和管理诀窍等方面的信息，通过全方位地推广标杆店铺的销售和运营方法，为其他店铺提供有效的指导。

- 进行差距分析：进行差距分析的目的不仅是找出其他店铺与标杆店铺之间存在的差距，在哪些方面存在差距，差距有多大，还要深究为什么会存在这种差距，如何改善及减少这种差距的存在，从而探索最佳的实践经验。

（2）资源

全渠道模式的转型是从传统的单渠道零售模式逐步向多渠道融合，进而向全渠道模式转化。在这个过程中，资源的整合必不可少，线上渠道与线下渠道的融合是核心要素，尤其是全渠道供应链的整合与优化，这是传统企业想要做好全渠道运营需要面临的重要挑战。全渠道运营是重构人、货、场，全渠道供应链需从人、货、场三个维度进行深度整合与重组，即整合全渠道的消费者需求、商品结构、营销策略、数据银行、终端及物流资源[56]。

（3）风险

尽管全渠道的发展已经积累了一些经验，但是因为每家企业的特性不同，因此风险也是存在的，具体风险如下。

推广规划不明确

- 推广的节奏应该如何把握；

- 整个推广期应该持续多长时间；

- 每一站推广应该保留多长时间的破冰期；

- 首批推广应该推广多少家店铺。

培训内容不全面

- 培训的方式是否与传统培训一样；

- 培训内容应该涉及哪些方面。

终端激励不知如何制定

- 是否需要终端激励；

- 激励规则应该如何制定；

- 激励周期应该是多长时间；

- 激励规则如何跟门店绩效绑定。

培训效果应该如何评估

- 如何评估终端门店是否掌握培训的内容；

- 如何不断完善培训体系。

2. 成长阶段

（1）实施内容

运营体系

运营体系的存在是任何一个商业组织实现稳定盈利的必要条件。所有企业的利润不会凭空存在，需要运营体系的支撑，完善的运营体系在互联网行业中要比传统企业复杂得多，在全渠道模式中更是如此。运营体系是全渠道业务的重要桥梁，为企业运行起到保驾护航的作用。企业的全渠道运营模式发生变化会产生什么影响，组织架构是否需要调整等一系列的问题都要一一解决。全渠道运营体系涉及与全渠道相关的方方面面，多达几十项。例如，门店每日开门后的必做事项和注意事项，全渠道的下单、发货等各个环节的操作都是需要通过运营体系中的规章制度和标准作业程序进行管理和规范化的。国内某知名女装公司在全渠道上线前期，对与全渠道相关的标准作业程序进行梳理，因为对全渠道业务的认知有限，耗时两个月只梳理出 3 份标准作业程序，而标准作业程序仅仅是全渠道运营体系中的一个构成模块。

全渠道运营是一项体系化的工作，由于企业特性的存在，不同的企业进行全渠道运营的方法也不一样，没有一个标准的运营体系可以直接套用。对企业来说，全渠道运营不同于以往的传统运营，且具有一定的挑战性。在全渠道运营工作中，我们要注重实战、分析、总结、复盘和形成自己的全渠道运营方法论。

运营体系包含以下几方面的内容。

- 绩效管理：实施良好的绩效管理可以大幅度地提升企业的运营管理效率，也可以让企业的发展进入良性循环且无须耗费大量的人力、物力和财力。全渠道的管理更是如此，尤其是一些企业在全渠道运营初期对全渠道的认知还不是很全面，此时实施绩效管理更为关键。
- 组织架构：整合人才、释放资源能量，把合适的人放到最合适的职位上，发挥其优势，这对于企业人才的培养无疑是一条捷径。通过提升管理和组织绩效，为企业的运营管理的五大功能（指挥、计划、组织、协调、控制）的发挥奠定了基础。

数据建模

零售行业实际上是最早接触大数据的一个行业，也是在所有行业中对大数据非常敏感的一个行业。销售商品曾经很简单，零售商往往能够对消费者的购买趋势做出最快的反应，这是他们能够赚取最大利润的原因之一。当前是大数据时代，以往的模式已不适用，为了适应时代发展，大数据在逐渐改变以往的模式。如今的零售商会在销售商品之前，使用大数据来判断商品库存量和预测销售趋势，既是为了判断商品库存充足还是欠缺，又是为了根据掌握的消费者的喜好精准定位消费者的购物路径。零售企业的未来的发展趋势是使用更多样化和更先进的数据分析方法，尤其是诊断性分析、预测模型和规定性分析，帮助企业进行销售和管理方面的精准决策。

数据建模是现在企业进行数据分析必不可少的工具。国内一家知名女装品牌利用全渠道沉淀下来的数据进行数据建模，通过时间序列分析、因子分析、聚类分析等模型，一方面可以指导不同渠道进行更合理的铺货，另一方面可以针对自己的消费者进行细分化的触达和营销。

阶段复盘

阶段复盘是全渠道运营过程中的"苦口良药"。

首先，阶段复盘能帮助企业认清问题的本源。通过阶段复盘，企业能对当前面对的问题进行一个全面的梳理，找出问题的根源，认清问题背后的问题，找到解决办法，发现新的想法与思路。然后总结出可复制的成功经验，指导下一步的行为，从而避免今后再犯同样的错误，最终把失败转化为财富，把成功转化为能力。

其次，阶段复盘可以促进企业战略的落地。一个成功的阶段复盘能指导员工的行为，提升员工的内驱力和执行力，形成高质量的分析成果及行动计划。无论在战略层面还是执行层面，阶段复盘都能引发员工的反思，促使员工将企业战略落实在行动上，所以说阶段复盘可以使企业战略得到很好的执行，使执行转化为绩效，促进企业战略的落地。

我们有一个做皮鞋箱包的客户，在从全渠道模式开始转型至今的 3 年时间内，每周、每月、每季度都会进行全渠道阶段性复盘，分别从销售、商品、运营三个维度进行复盘，了解自身的全渠道在以上三个维度的不足和需要提升的地方。比如运营角度的信用额度，他们会根据信用额度对参与全渠道的门店进行排序，对排名靠前的门店进行奖励并激发其积极性。

大促备战

阿里巴巴于 2009 年开始进行"双 11"大促活动，由此使得大促活动几乎成为电商运营中的必选动作。全渠道销售不仅包含电商，还包含线下活动。大促活动不仅可以为企业带来效益的提升，还可以扩大企业知名度、影响力，实现清库存等目的。

在大促活动前企业需要进行如下的准备工作。

- 确定业务方向及主推产品；

- 确定目标人群；

- 预计大促期间投入的人、财、物资源；

- 确定大促活动的目标。

大促活动的成败可能关乎全年业绩的高低，企业做全渠道一定要严谨对待，在年初要做一整年的计划，在年底要对一整年的销售、运营做出复盘总结。上述做皮鞋箱包的客户，在大促备战方面也做得很好。在启动全渠道运营后的第一个大促活动开始前，这家客户确定了大促活动的主题——"与猫共舞"，并积极地从备战指挥中心、数据、物料、终端等多个方面进行全面的大促准备，最终取得了好成绩，并在同品类中名列前茅。

（2）资源

全渠道组织架构

企业的组织架构是企业生产发展的必要因素之一，没有组织架构的企业就是一盘散沙，如果企业上线全渠道没有相应的组织架构，全渠道运营必然是不成功的。在全渠道的构建中，企业需要明确各部门在关键业务流程中所扮演的角色。人和制度之间往往是相辅相成的关系，所以组织架构能够为全渠道构建的管理提供无形抓手，促使全渠道的构建更有效地进行。良好的组织架构能够使企业的各部门更好地发挥协同效应，能够最大限度地释放企业的能量，使企业达到"1+1>2"的合理高效的运营状态，从而为企业有效地实施内部控制提供有力支撑。

线上线下的资源

全渠道运营就是整合线上线下的资源，全渠道是打造 B2B、B2C 的新方向。提到全渠道做线上，大家都会想到在淘宝或天猫开店，今天互联网的快速发展使线上模式呈现出多元化,使线下的发展模式需要进行改变,线上线下的资源整合问题需要解决。

- 微信商城:企业可以创建自己的微信商城,并逐步做大微信营销,拓展业务。

- 公众号商城:目前微信是最常用的社交工具,企业需要高度重视公众号的建设。公众号通过产生"粉丝"扩大企业传播的范围,逐步引导"粉丝"进入公众号商城,产生积极的效果。

- 天猫、淘宝、京东商城:企业借用天猫、淘宝、京东商城等平台的流量资源,实现线上营销的快速发展。

- 社群营销:社群营销将成为零售企业未来发展的重要方向。企业通过构建自己的"粉丝"社群,运用合理手段促进消费。

- 小程序:小程序更具灵活性,在线上营销当中能够产生更多的价值。

- 与第三方平台合作:目前 2B、2C 平台都在快速发展,企业要关注新渠道、新模式的发展,寻求合理的合作机制。

（3）风险

当全渠道运营进入成长阶段,企业的全渠道基建工作基本完成,此时需要企业在全渠道运营方面要有"质"的提高,并且可以初见成效。然而,通过我们观察,很多企业在本阶段开始进入"瓶颈期",从销售业绩来看,很多企业开始止步不前,甚至呈现下滑趋势。因此,在本阶段,企业依然会遇到很多风险，这些风险甚至会决定全渠道的"生"与"死"。那么，处于导入阶段的全渠道运营会面临哪些风险呢？

运营效率没有提升

运营效率包含了门店的发货时效、订单处理时效、客诉率、退货率等，经过一段时间的全渠道运营，企业会发现，门店只是对运营流程更加熟悉了，但是运营效率并没有得到本质的提高。

运营指标如何监测

我们都知道，通过数据才能科学地检测运营效果，所以数据的运用非常重要。然而，对于全渠道的数据监测，很多企业感觉"束手无策"，表现出的问题如下所示。

- 应该如何考核全渠道运营效果？
- 应该从哪些运营指标入手？
- 如何评判运营指标的合理性？
- 什么样的标准才是正确的、行业内的标准？
- 在进行数据分析之后，如何通过分析结果触动运营决策？

场景如何深耕

处于本阶段的全渠道运营的基本场景的建设已经完成，但是我们发现普遍存在一个问题，很多场景只是基于系统层面做了打通，销售业绩或者流量仍然处于自然生长的状态，并没有因为每个场景的差异性而出现特殊流量，其主要原因在于没有做到场景的深耕，没有找到每一个场景的特色和定位，没有挖掘到每一个场景的潜力。

大促备战问题清单

当全渠道遇到大促备战时，会擦出什么样的火花？

- 各平台库存如何安排？

- 如何设置线上线下的库存阈值才不会出现超卖情况？

- 采取怎样的措施才会避免爆仓？

- 大促期间的准备工作应该如何进行？

- 是否需要临时设置运营规则？

3.3.4 行动计划

每个企业在做出决策之前都会有相应的行动计划，企业在开始全渠道运营之前也是一样，需要相应的行动计划来指导全渠道运营的执行和落地。行动计划包括四个步骤：展望未来、建立试点、深化能力和统筹平台系统。

1. 第一步：展望未来

行动计划的第一步是需要企业弄清楚自己的发展目标或者未来的发

展方向。全渠道运营的规划思想需要企业制订明确的路径规划和绘制清晰的业务蓝图,更加深入地了解消费者和企业内部,就新的场景的实现集思广益,提出出奇制胜的方案。期间可以邀请企业内外部的利益相关方参与讨论。

2. 第二步:建立试点

在全渠道运营初期,不需要全员参与,也就是说并不是企业所有的终端门店都参与,而是甄选部分门店进行试点,企业通过导入自上而下的全渠道运营思维建立试点和标杆,交由终端门店进行检验,快速投放市场,获得反馈,不断完善。初期通过建立专属沟通渠道,让一店带动多店,多店带动全店,使企业上下都能建立基础能力,从而促使快速推广取得成功,并在推广中总结其中的不足,及时改善。

3. 第三步:深化能力

通过战略计划深化全渠道运营能力,持续部署和进行必要的培训。

企业在全渠道运营阶段可以实行三大举措,以促进运营能力的深化。

第一,企业应当努力确保"路径规划分析的阶段性成果"和"如何创造并实现这些成果"的步调保持一致。

第二，企业可以推行全渠道运营的组织架构、治理机制、绩效管理、运营规则和人才培育体系，从而树立对全渠道运营的信心。

第三，企业可以创建一种强大的信用体系。要创建这种信用体系，企业必须首先创建信用模型，形成持续信任的机制，并在过程中确保组织行为符合规范和标准。

4．第四步：统筹平台系统

希望加快全渠道发展的企业，首先要确保全渠道的整体路径规划的方向是正确的。其次，企业可以更好地衡量、量化全渠道运营对企业的影响，并对预期场景进行建模。特别是企业能够更主动、更系统地定义阶段性的考核指标，预测未来可能发生的风险，并对成果进行建模，同时将更多的注意力集中在衡量实际成果方面。

3.4　全渠道运营经验

3.4.1　发展历程

随着企业内部具有更高协同度的基础框架的推进，全渠道运营的焦点和重要性将从传统的 IT 系统实施向更加受业务驱动的方向转移。例如，在过去的五年中，企业将全渠道模式的选型、创建及系统落地作为首要举措。然而，近一年来，来企业越来越清晰地看到，全渠道模式是可以成功落地的，可以延伸至新零售，可以带来业绩增长，并通过业务驱动技术变革，实现数据驱动运营的变化。

从本质上来说，全渠道运营就是要把应对大量快速变革的能力融入企业文化中，并且为企业的下一步发展提供一个路线图。绝大多数的全渠道项目领导者为全渠道项目实施的进度、预算负责，但不为企业的业务转型负责，因此导致全渠道项目没有实现业绩增长，乃至实现颠覆性的变革。

全渠道项目领导者的关键职责是创建一个清晰的全渠道愿景，规划一条明确的全渠道路径，建立全渠道运营体系，并将全渠道融入企业的文化中。企业的全渠道业绩能够得到提升，主要通过以下三种方式。

- 全渠道业务模式创新；
- 全渠道运营模式创新；
- 全渠道商品管理创新。

我们从 2013 年起就帮助企业打磨全渠道，历经六年与近百家企业合作，我们发现那些领先的企业在全渠道方面有着相同的做法，如下所示。

- 他们构建适配全渠道的组织架构；

- 他们打造与全渠道融合的企业文化；

- 他们设计全渠道运营的业务流程。

企业可以确立全渠道共同的愿景，将业务和技术整合起来，并坚持对运营、数据、分析与业务模式进行融合。第一，企业通过确立全渠道愿景，指导全渠道路径规划与行动，并且推动企业内部各部门之间及企业与外部合作伙伴之间的协作。第二，企业可以采用业务案例、绩效指标来制定规则或流程，以支持全渠道运营的落地。第三，企业可以在企业内部和外部交换全渠道领域的相关专家，培养全渠道业务分析人才，并制订不同阶段的发展规划，从而提升企业的内在能力。

近十年来，电商得到了快速发展，天猫、京东、唯品会等平台成为企业线上销售的主要平台，也有很多企业会在美团、大众点评、抖音等平台的本地生活频道进行推广，部分企业还在微信、微博等社交媒体上进行推广，有些企业还会自建官网和 App。然而，随着线上和线下销售渠道的增多，企业面临的问题也随之增多。

线上渠道和线下渠道的割裂给消费者带来的是片段化的行为，对企业来说无法构建完整的消费者画像。不同的渠道需要消费者分别注册会员，往往他们是同一个人。线上渠道和线下渠道带给消费者的体验亦不相同，服务质量可能也会随着"当班人"的心情而定，这远远无法满足消费者的随时、随地、随心所欲的购物需求。

3.4.2 阶段性成果

企业的全渠道构建是分阶段进行的，而不是一蹴而就的。每个阶段有每个阶段的成果，具体内容如下。

1. 第一阶段：通过技术实现商品打通

技术是企业构建全渠道必须具备的硬件条件，也就是说技术是企业构建全渠道的充分必要条件。企业只有实现技术先行，才能顺利地进行商品的打通。很多企业的线上线下各渠道是分开运营的，甚至有很多不同的渠道，如经销商（一级经销商、二级经销商等）、加盟商、代销商、代理商等，全渠道需要做的就是将这些渠道的商品及库存的信息和数据全部打通，实时共享。

2. 第二阶段：通过运营实现各方利益融合

当企业内部通过技术手段实现各方的商品打通的时候，各方的利益已经被牵扯进来了。全渠道的利益相关方不仅涉及不同渠道，还会涉及消费者。所以企业在第一阶段的基础之上，需要通过运营手段，获得"三化"，即消费者体验最优化、货品利润最大化、各方利益最优化。

3. 第三阶段：全渠道数据驱动

通过数据的运用，全面实现数据化。在零售业发展的现状下，企业在运营中常常会遇到数据化程度不足的问题，主要表现在各个不同平台的消费者数据之间是相互分散和割裂的，呈现出"数据孤岛"的现象，由于数据之间无法实现互通互联，因此无法释放潜藏在数据中的巨大价值。在全渠道时代，企业可以借助各种各样的技术手段，实现全链路数据化商业运营，让企业内部的各种数据平台与外部生态系统实现互联互通，从而达到使数据为商业决策服务的目的。

4. 第四阶段：实现人、货、场的重构

在前面三个阶段的基础上，企业会沉淀很多数据，通过沉淀的数据，对人、货、场进行重构，打造企业特有的全渠道模式。

以上四个阶段的成果是企业构建全渠道所取得的阶段性成果。由于每个企业的基因不同，所以在构建全渠道的过程中，具体的流程和取得的阶段性成果会有所差异，这也是企业自身的全渠道不同于其他企业的全渠道的原因。

企业在构建全渠道之前，需要先了解自身，也就是对自身的条件和现状进行深入的分析，然后根据自身特性和特点明确自己适合的全渠道构建路径和构建流程，最后按照规划阶段性地进行全渠道构建。

3.4.3　阶段性问题

近几年，我国电子商务获得飞速发展，给传统零售业带来了前所未有的冲击和挑战，传统零售业将何去何从成为一个值得很多人深思的问题。很多企业错误地认为接入了不同的渠道就是全渠道，却不知全渠道带来的最大的机遇是全渠道终端的改造带来了大量的数据流。如果企业能够合理利用在全渠道中流通的各种用户数据、商品数据和渠道数据，将迎来新的商机，进一步提升品牌价值。

全渠道零售的本质仍然是零售，这意味着全渠道零售仍然以满足消费者最原始的需求为出发点。消费者的原始需求是不会变的，即看中商品的功能和效用，所以无论零售业怎样变革，其经营活动的开展始终以满足消费者的原始需求为前提，为消费者提供更优质的服务[53]。全渠道零售毕竟是一种全新的商业模式，在运营方面仍然存在的一定的风险。我们结合所接触过的企业在全渠道战略实施和全渠道运营方面的经验，总结了实施全渠道零售所面临的几个问题。

1．利益分配问题

企业转型全渠道的思想核心是构建共创、共生、共赢的平台，让企业自上而下地具备适应未来任何变化的能力与特质。全渠道转型首先要回归商业本质，共赢是驱动各方共生与共创的前提，利益是实现共赢的基础。

全渠道的利益分配涉及五方的利益，这五方分别是会员归属方、销售方、发货方、平台方、支付方。

企业存在着不同的经营模式，使得企业在考虑五大利益方的同时需要考虑不同的利润中心，包括直营、联营、托管、代理加盟等。尤其在以代理加盟为主的企业中，利益分配是至关重要的一部分。国内某知名休闲运动品牌，在全渠道场景中线上下单，门店发货，由于没有很好地分配线上和线下双方的利益，最终使得全渠道项目推行受阻，以失败告终。可见，利益分配影响着全渠道项目的成功与否。

另外，全渠道转型需要考虑到企业内部的多品牌经营，品牌的运营模式不同，全渠道的利益分配情况也不同。

2．组织架构问题

在全渠道影响下，各业务决策流程及决策中心应该如何设计？对于全渠道业务，各职能部门的责任和权利如何定义？全渠道运营往往需要跨职能协作，因此企业需要明确各职能部门在关键业务流程中的角色和位置。例如，当电商部门打算举行线上促销活动时，由谁负责统筹，谁是冲突的最终决策者，哪个部门制定营销方案，谁来执行最后的方案，这些都是电商部门成立后需要厘清的问题。模糊不清的决策流程将成为未来开展业务的绊脚石。另外一个问题就是全渠道项目到底应该由哪个部门主推。我们接触的很多客户都错误地将全渠道项目看作是一个 IT 部门的技术型项目，应该由 IT 部门来主推，业务部门仅仅起到辅助的作用。而 IT 部门在推动项目的过程中很快就会发现，项目很难推动下去，原因一是需要协调很多资源，原因二是 IT 部门的技术思维使得全渠道项目很多时候和业务的匹配度较低。

在全渠道模式的颠覆下，部分工作的执行中心正在悄然发生变化。在全渠道的帮助下，企业内部一些原本分散的职能管理趋于集中化，实现降本提效的目标。例如，在过去，零售门店指导组货、决定商品定价往往凭借经验。在增加了数据平台后，企业不仅能够对门店的货品选择、定价提供有效的支持，还能够智能高效地同时对多个渠道进行管理。在部分职能管理集中化的同时，我们也看到了数字化工具的使用不仅为一线员工赋能，还实现了部分职能的去中心化。例如，随着企业内部 App 的上线，人力资源部门已不再需要组织大型的线下培训，只需要定时把培训课程推送给员工即可。

3. 场景规划问题

在全渠道场景中，企业的主要业务可以由三个模块构成：全渠道业务管理中心、全渠道营销触点布局、供应链支持。其中全渠道营销触点主要通过实体门店、官方分销平台、第三方分销平台、企业官方购物平台、第三方购物平台、会员互动平台等完成布局。企业一般以顾客体验为中心设计各触点布局，如发货场景、自提场景、空销场景、无线货架等，各种应用场景可达数十种之多。在诸多场景实现的过程中，完成订单大致分为三个阶段：种草阶段、养草阶段、割草阶段，企业可以根据每个阶段的目标进行"精耕细作"。企业的基因及经营现状决定了全渠道的业务场景。我们接触的一家企业，为了适应外界的变化，其内部的更新变革速度也很快，只要看到市面上出现一个新场景，就迫不及待地上线新场景。最终在全渠道项目启动不到 3 年的时间内，该企业上线场景的数量就已经高达 16 个。虽然上线场景很多，但是依然看不到全渠道带来的明显的业绩提升。其实问题并不在于场景数量越多越好，而在于上线的场景要适合企业。在明确了适合的场景后，需要对场景进行分类，然后对割草场景进行深耕运营，以提升销售转化率和变现能力。

4. 商品运营问题

为了使顾客在消费中拥有良好的体验和满意度，企业需要确保渠道中能够出现满足顾客需求的商品，做到在适合的渠道有适合的商品被适合的人购买，让顾客在想买的时候就能买到（饥饿营销除外）。这需要一个可以进行精确、实时管理的库存管理系统，通过优化库存调配和订单流向，确保每个顾客的消费需求都能得到最大化的满足。

有些企业认为可以通过新技术来简化库存盘点、出入库等操作以保证库存的准确度。为什么商品管理仍然是需要注意的点呢？因为在全渠道模式下，企业需要保证各个渠道都能有力地执行，最终才能通过系统让商品流通起来，只有商品真正地流通起来，顾客的满意度才会提高并达到最大化。

除上述问题之外，商品运营遇到的问题还包括价格体系的问题。我们接触到一个客户，其线下运营全部采取单店加盟的模式，当做全渠道项目时，该客户首先遇到的问题就是价格体系不统一的问题，公司规定所有门店的折扣不得低于 6 折，但是在 6 折和全款之间还是存在很大的价格空间。因为上线全渠道要求所有门店统一折扣不太现实，所以价格体系的不统一直接影响全渠道中各个渠道的打通。

5. 绩效管理问题

企业进行全渠道运营离不开人。当进行全渠道模式的推广和运营时，员工的激励机制是很重要的一个环节。我们一开始也曾忽略了这个问题，直接导致的后果就是员工对于和顾客之间非交易类的互动没有动力，对于和自己没有直接利益关系的交易没有动力，也就是终端门店的店员对全渠道模式的推广不配合，导致全渠道模式很难执行下去。这一点在线下渠道特别明显，企业的代理加盟商尤甚。例如，导购员不愿意去收集当场不消费的顾客的信息；店内暂时缺货，宁愿让顾客过几天再来，而不推荐他通过其他渠道购买；甚至 A 门店缺货销售的订单被派到 B 门店，B 门店有货也会选择拒绝发货，最终导致这笔交易失败。

所以，企业需要调整或根据全渠道模式的推广计划重新设计员工的激励机制，进而可以更加全面地衡量员工的绩效，而不仅仅通过交易量进行衡量。此外，通过全面的绩效考核机制，还可以有效地调动员工特别是终端门店的员工的积极性，使全渠道模式的推广更容易执行。

有些企业可能会思考，到底什么样的激励机制才是最合适的呢？有没有其他企业的激励机制可以借鉴和参考呢？其实，激励机制需要企业根据自身的基因和文化，和所有利益相关方一起进行讨论和制定。

国内某知名女装品牌在全渠道上线前期，为了鼓励和培养终端门店的习惯和思维养成，专门拿出一笔资金作为终端门店的激励奖金。当然这个激励奖金并不是按终端门店的订单数量来发放的，而是对终端门店的订单、接单、发货等各个方面综合考虑后才发放的。这样做避免了当奖励突然被撤销时，终端门店也就失去了积极主动性。

6. 割裂了各职能部门之间的联系

在传统的经营模式中，不同的环节是由不同的职能部门负责的，每个部门之间的信息、数据等都是不通的，形成了各个职能部门之间的信息孤岛，甚至有些企业的不同的渠道由不同的职能部门负责，最终会使得多个渠道的运营问题同时被放大。在全渠道零售模式下，企业内部的所有信息、数据必须联动起来，也就是企业内部的信息和数据需要进行统一的整合，这需要专门的部门在各职能部门之间进行连线和协调。我们的实践经验是成立专门的团队进行全渠道模式的运营管理，并由这个团队负责其他所有职能部门之间的联系。

例如，一个顾客在 A 品牌的线上渠道购买了一件商品，这件商品由线下门店打包并被快递到了顾客家中。顾客收到货之后不满意，进而通过电商客服进行投诉。在处理投诉过程中，电商客服需要先对接顾客了解投诉的原因，再向发货门店所属区域进行反馈，然后区域经理对接门店了解详情。区域经理了解清楚后再反馈给电商客服，电商客服再对接顾客进行问题的处理。大家可以看到投诉的处理环节非常多，并且在传输过程中信息因为经历了多个环节，可能会被传递错误。

上述事例只是全渠道场景中的一个例子，实际上在全渠道运营过程中出现的问题比这个复杂得多。如果没有一个专门的部门负责全渠道的运营和管理，不仅会造成运营成本的增加和效率的降低，还会导致消费者满意度的极速降低。

这些在全渠道管理实践中出现的问题的解决，其实都和消除各个渠道之间及各职能部门之间的信息和数据的壁垒有关。所以在全渠道模式下，一个能对接和协调好各个职能部门之间关系的团队，是保证企业玩转全渠道运营的基础。

7. 对数据的忽视

在全渠道模式下，我们要将大数据与全渠道运营相结合，要从思维转变、商业管理的角度对大数据为传统零售业带来的变革进行阐述，同时也要从数据采集、数据整理、数据分析、数据诠释的角度对大数据给传统零售业带来的变革进行分析。在大数据与全渠道结合的时代，消费者的消费情况能够沉淀很多数据，企业需要重视这些数据，建立自己的"数据银行"，并对这些数据进行整理、分析、建模等多种处理，根据分析结果来制定策略。

8. 特殊情况——商场结算问题

在推广全渠道模式时，商场店是一个非常特殊的环节。为什么说商场特殊？因为商场本身既是一种渠道，又是全渠道重要的利益相关方。

在整个全渠道运营中，如果各渠道以自收银为主，相对而言，各方面的执行会更加简单有效，但如果以商场店居多，情况就会复杂很多。商场店的收银环节并不掌握在自己手里，钱由商场收取，商场再按照固定的结算周期和企业进行扣点结算。这就会出现两种情况：第一，消费者把钱支付给了商场，但商场并不负责发货，那么扣点怎么计算？第二，如果商场店进行发货，那么从这里发出的货品，商场是否也要计算扣点？

例如，某高端男装品牌的一家门店开在了银泰百货，银泰百货的商场经理正巧是这个男装品牌的会员。有一天这位商场经理在这家男装店里购买了一件衣服，但因为当晚有事，所以询问营业员可不可以把衣服寄到家里。由于这家男装品牌店运行云仓已经有一段时间，所以营业员很爽快地跟他说："没问题，我们有这个服务。"于是商场经理留下家里的地址，满意地走了。第二天他回到家，发现果真有一个快递，打开包裹后发现衣服的颜色、尺码都没问题，但是，他发现包裹竟然是从万达广场发过来的！这明明是银泰百货的生意，怎么就给万达做了？他们这样做是不是在飞单？这件事情在当时造成了很大影响，商场还做了暗访，引发的争议非常大，因此也处理了很长时间。最后，商场在了解了全渠道的整体运营体系后，是认可这种做法的。在这个事件中，银泰百货并没有什么损失，钱是银泰百货收的，而万达则发了货还没有丝毫好处。

这个事例告诉我们，在做全渠道的过程中，对于商场店要注意中间的潜在风险，加强与商场的协调。在整个全渠道推广过程中，如果门店以商场店为主，那么其全渠道推广的难度一定会比自收银门店渠道更大。许多商场都比较介意成为其他渠道的发货方，他们更愿意充当收银方的角色，只要钱收了就能获取该有的利润。不过，有的商场具有超前眼光。我们碰到过这样一个商场，它知道全渠道的趋势是不可逆的，既然不可逆，那就主动充当发货方，做其他渠道的仓库，不然，自己可能逐渐被淘汰。

商场一般不可能主动充当免费仓库，都要拿扣点，不过对于这种情况也不必太过担心，发货商场店的扣点比较低，与订单带来的利润相比，扣点基本可以忽略不计，而且商场店发完货要主动补货，销一补一。只要全渠道是为生意做加法，各参与方都不会吃亏。

商场作为发货方，常常会有很多管理限制和要求，主要表现在空间和时间上的限制。比如，发货不能在店里进行，只能去商场指定的发货区。如果消费者到了门店，看到里面有一大堆快递，快递员在旁边打包，这对店铺销售会产生较大影响。时间上的限制是指商场对于发货会有指定的时间要求，比如下午 3 点之后不允许安排发货，由于商场营业员的数量有限，如果每隔几分钟就去送快递，会非常影响商场生意，因此这段时间不允许安排发货。商场对于快递员的取货同样有时间和地点上的要求，比如在某个时间点在商场地下室取货，营业员可以在此时间点之前将商品打包，把商品送到地下室给快递员。另外，商场陈列的管理要求对发货也有空间上的限制。比如像袋子、包装盒这些物品，如果门店没有足够的储存空间，也需要放置在指定地方。因此营业员必须把准备发货的商品拿到指定地点再进行打包工作[26]。

综上所述，企业在做全渠道的过程中，不仅要调整内部的架构，还需要恰当地处理全渠道各利益相关方之间的关系，这样才能实现多赢的局面。

9. 终端执行问题

对企业来说，全渠道转型属于战略层级的项目，但是项目的落地和实施需要店员、店长、督导、区域经理等终端门店运营及管理人员的积极配合。从以往的客户经验看，全渠道对终端门店有着举足轻重的影响。终端员工的思维模式是经过长期的训练被固化形成的，现如今需要终端员工改变思维，适应企业的全渠道战略，一时之间难以做到。很多企业在全渠道运营的导入阶段出现的问题是"不主动，不拒绝"，如拒单率高、延迟发货、业绩低迷等。出现这些问题的根本原因是全渠道理念没有被终端员工理解和消化，要么企业按照传统的零售思维模式进行的培训，要么企业自身不会推广全渠道。企业必须依照场景化培训思维，将理念、应用和如何做新生意传递给终端员工。

10. 价值量化问题

有关全渠道运营实践的数据表明全渠道运营和财务、绩效之间存在着密切的关系，与整体市场相比，具备全渠道运营能力的企业的市值从 2014 年到 2018 年增长了 27%。

对企业而言，全渠道模式不仅能增加企业的销售收入，更重要的是，它可以给企业带来效率的提升。在一般情况下，企业对全渠道价值的量化考核维度主要体现在四个方面：零售占比、云指、商品调拨时效、库存消化。其中零售占比是全渠道业绩占整体零售业绩的比例，云指反映的是全渠道场景帮助每家门店每天多卖的商品的数量。

企业的基因不同，企业可量化和衡量的全渠道价值也不尽相同。

第 **4** 章

"立本"——品牌的未来

数字技术已经重新定义了人们的生活方式，数字的力量促使行业间进行着前所未有的相互渗透，并从根本上改变了竞技模式。为了在严峻的竞争环境中立于不败之地，企业需要为消费者打造富有吸引力的购物体验，形成关注点，为新的工作方式提供专业技能和设备。企业通过数字化运营，展望未来，建立试点，深化能力，以及统筹新的生态圈，推动这一过程不断前进。

4.1 全渠道构建的四个阶段

全渠道构建并非是一簇而就的，而是一步一步有条不紊地落实下来的。笔者认为，全渠道构建主要分为四个阶段，这四个阶段要实现的目标是不同的，如图 4-1 所示。

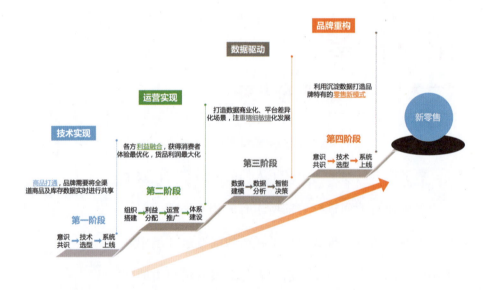

图 4-1　全渠道构建的四个阶段及目标

4.1.1　准备阶段：路径规划

在开始构建全渠道之前，企业还要有一个准备阶段，即进行路径规划。

路径规划是企业上线全渠道前必不可少的一个环节。通过路径规划，企业能够梳理出未来 3 ～ 5 年的全渠道构建规划。全渠道构建规划包含全渠道目标、规则、落地步骤等内容。只有依靠着这份全渠道构建规划，后面各个阶段的落地才能实现风险最小化。

4.1.2　第一阶段：技术实现

在这个阶段，企业主要进行全渠道系统的构建。通过全渠道系统实现企业内部的商品、订单及库存等信息的打通。

首先，全渠道要求零售企业的各个渠道，如电商、门店（包括直营门店、联营门店、代理门店、加盟门店等），以及移动端等，实现库存可视化、一体化，这必然要求零售企业要打破各渠道间的壁垒，进行渠道协同作业。这时候，各分销中心不再只负责自己管辖范围内的门店的商品销售，以及商品、订单和库存的维护问题，同时要辅助其他分销中心、门店和线上渠道解决库存不足情况下的履约问题。此外，零售企业的终端门店所扮演的角色也发生了改变，它们不仅要服务本店的顾客，解决本店顾客购物的履约问题，同时还要解决线上订单的履约问题，甚至要承担来自本店的和来自线上渠道的顾客的退换货责任。

其次，零售企业需要搭建自己的全渠道平台。全渠道平台的搭建需要企业从全局的角度出发，整合企业内部各部门的职责。企业的全渠道平台由与顾客直接接触的各个终端，也就是"前台"，和支持顾客实现无缝化购物体验的"后台"组成。"前台"包括企业的线下门店、线上官方旗舰店、自建官网、移动 App 及社交媒体互动等。"后台"包括订单中心、物流中心、结算中心等，用来实现全渠道的智能呼叫、订单处理、利益结算、订单寻源等多项功能。

企业通过全渠道系统的构建，可以以全新的全渠道零售思维提升顾客的购物体验。对企业来说，通过线上渠道与线下渠道的互相融合，可以降低品牌推广成本、增强老顾客的消费黏度，使企业的发展更为稳健[57]。

4.1.3　第二阶段：运营实现

企业在搭建全渠道平台时，遇到的最大的难题就是企业与各渠道，如线下经销商、终端门店、线上渠道，以及门店导购员之间的利益如何分配。所以在这个阶段，各方的利益分配是一个很棘手的问题，需要企业能够合理权衡。

传统零售企业的渠道结构，是层层代理和层层利益截流的模式。全渠道模式要求企业直接建立终端门店专属的全渠道商城平台，通过全渠道商城平台直接面对消费者。这样的模式完全打破了以往的渠道价值链[58]，同时问题也出现了。

- 经销商如何处理？

- 终端门店是否有意愿并能够积极参与全渠道？

- 在全渠道模式下，门店导购员的销售提成如何结算？

- 企业内部各职能部门之间的利益冲突怎么处理？

……

这些年的经验告诉我们，各个利益相关方的利益分配问题能否得到解决，将决定着企业的全渠道转型能否顺利推行。

1. 经销商层面

经销商层面的利益分配难点和阻碍全渠道推行的表现，体现在以下四个方面。

（1）经销商如何处理

全渠道模式最终是去中间化的，在以后的企业经营模式中，经销商渠道有可能会被缩减。但是，目前的企业大都以渠道为王，经销商的销量直接决定企业的销量。在这个关键时期,经销商们知道未来可能面临的结局，但是他们是否能够接受全渠道呢？如果不接受，企业怎么办？如果接受，经销商的角色应该如何逐步调整？

（2）线上订单的利益归属问题

传统经销商的划分是具有地域性的，也就是根据区域划分经销商，同区域或者同片区的销量归属于一个经销商。但是互联网时代是没有区域概念的，当多种渠道融合在一起的时候，如何在各方之间合理分配一个订单的利益？对于线上渠道的订单和销量，各个经销商是否可以分到一些利益？

（3）线上线下的价格如何统一

很多企业在开通线上渠道后，面临的比较棘手的问题就是线上价格低于线下价格，线上渠道强烈地冲击到了线下各经销商的利益。对企业而言，能否实现线上线下的价格统一？即使企业希望统一价格，但是有的经销商不愿意统一价格怎么办？

（4）经销商不愿放手终端门店

对经销商而言，分销网络和终端门店是他们赖以生存的基础。在全渠道模式下，企业要直接和经销商的终端门店之间发生关系，甚至还会获取到终端门店的数据，经销商会担忧企业将从此把握对其门店的掌控权，进而对其不利。企业应该如何处理这个矛盾？

2. 终端层面

终端层面的利益分配难点和阻碍全渠道推行的地方，表现在以下三个方面。

（1）自营门店、加盟门店及第三方卖场对推进全渠道的态度的区别

我们在上文中说过，在企业的自营门店之间推进全渠道是比较容易的事情。对加盟门店而言，推进全渠道则要复杂得多，在加盟门店之间推进全渠道，需要搭建全渠道系统，加盟门店如果还没有统一系统，就需要改进现有的 POS 系统、会员系统，但加盟门店对此不一定有积极性。第三方卖场往往不支持推进全渠道，因为它们希望顾客可以在线下扫码支付，在全渠道模式下，顾客有可能从线上甚至其他渠道购买。

（2）加盟门店的会员体系如何打通

加盟门店的会员体系如何打通是一个难题，加盟商不一定愿意献出自己的会员体系，这时候企业应该怎么办？

（3）导购员的利益如何分配

在传统销售模式下，导购员的作用至关重要，因为他们是直接面向消费者并和消费者接触、对消费者进行推荐的角色。在全渠道模式下，导购员仍然是最关键的一个环节，这时候需要思考的问题是如何提升导购员的

积极性。如果激励方式撤销，导购员不再积极怎么办？导购员的思维和习惯如何养成？当顾客在线下实体门店体验商品、在线上成交之后，该订单如何与门店产生关联？导购员的利益分配如何实现？

企业内部各职能部门及业务团队之间的利益分配难点，主要体现在全渠道团队与传统业务团队的利益分配。一般而言，在推行全渠道模式后，如果企业内部建立了相应的全渠道团队，那么全渠道团队会上升为企业的战略部门，将对企业内部的所有数据、产品、服务，甚至整个供应链都起到统筹和统领作用。这时候，传统职能部门如销售、运营、商品等部门的地位将下降和弱化。企业应该如何规避二者之间可能发生的矛盾和内耗？

综上所述，在全渠道构建的第二个阶段，企业内部需要解决的问题是全渠道各利益相关方之间的利益分配问题，最终使各利益相关方都能从中获利，并在企业内部各职能部门的利益实现的基础上，实现品牌的利益最大化和消费者的体验最优化。

4.1.4　第三阶段：数据驱动

企业在全渠道模式上线后，会获取到很多精细化的数据，包括消费者的行为数据、商品的交易数据等，其中关于消费者的行为数据，企业之前只能获取到消费者在线下门店购物的数据，现在企业不仅可以获得消费者在线下、线上的交易数据，还可以获取到消费者在离店后的一系列行为数据。所以在全渠道模式下，企业获取到的数据更精细化、更精准化。这些沉淀下来的数据，对企业而言，是一笔无形的资产。企业可以根据沉淀下来的数据，建立自己的"数据银行"，并对这些数据进行深入洞察、建模，实现精细化、精准化营销。

在全渠道模式下，沉淀下来的数据是个体的碎片化数据，因此解决的是个体行为因果的问题，而不是相关问题。所以，未来零售企业一定要针对个体去找到关于个人的全面、准确的数据。这样的数据对个人定制才是有价值的。在未来，对零售企业而言，谁能够更好地掌握这些数据，谁就能掌握新时代零售的切入点。

4.1.5 第四阶段：品牌重构

企业经过前面几个阶段的发展，内部已经具备了适应未来任何变化的能力。这也就意味着，不管未来的市场如何变化，企业已经能够在瞬息万变的零售市场中找到立足之地。所以在第四阶段，企业需要做的是重构内部的人、货、场，也就是根据市场的变化，结合自己品牌的特性及所具备的能力标签，建设具有特色的、个性化的经营模式。例如，江南布衣的"不止盒子"小程序打造的专属定制搭配服务，就是在一定的时间推出的具备品牌特色的全渠道场景。

4.2　企业的数字化转型

4.2.1　企业进行数字化转型的意义

随着越来越多的企业不断地推进和落地全渠道，全渠道已经不再是一个新鲜的概念。我们认为全渠道是多对多协作带来的创新，而不是一个命令型的单线程的创新，因此整体的网状复合创新驱动了整个零售商业模式，形成一个共生、共创、共赢的商业体系。如果现在市面上的商业体系是一种平台工具，那么全渠道运营则是使用这种工具的能力。

近年来我们通过与各企业一起实践数字化转型，总结出一些经验和教训，企业进行数字化转型需要具备六大要素，如下所示。

- 一套基于行业细分市场的数字化转型的最佳实践方法；

- 一个开放的行业参考模型，不断汲取行业最佳实践经验并引入合作伙伴；

- 一系列基于商业价值和技术可行性两个维度的优先级排序形成的价值目标；

- 一套结合品牌基因并与实际运营环境适配形成的解决方案；

- 一系列确保战略目标在转型过程中能够分阶段实现的行动指南；

- 一个能支撑数字化转型落地的组织。

数字化转型不是一时兴起的概念，而是企业进行一切创新、改革的基础和应对未来任何变化必备的技能。业绩优秀的企业在不断寻求可以创造价值，形成差异化和竞争优势的创新战略。

当下是互联网时代，未来则属于数字化时代。在数字化变革的大潮中，零售企业必须重新审视自身的业务、运营策略和技术战略，从最高层开始转变，不断实践，不断创新，持续保持包容且开放的态度，推进数字化转型，这具有非常明确的意义。

1. 过去的成功不代表未来的持久的成功

现阶段一些企业成功转型全渠道，但这并不代表数字化转型的成功，所以企业要进行数字化转型，还需要深入思考并明确自身的转型路线。

2. 敏捷管理是对企业的基础要求

现在的市场瞬息万变，要想在不断变化的市场中拥有一席之地，企业内部必须具备敏捷管理的技能。企业只有具备了敏捷管理的技能，才能更快更好地适应市场的变化。

3. 当前市场的颠覆是未来的"常态业务"

消费者需求的不断变化使得市场风向也在不停地变化,市场的不断"洗牌"对企业提出了更高的要求——进行不断的转型升级。

4. 通过合作伙伴扩展各种可能性

在当今流量越来越被稀释的情况下,企业可以寻求各种可能的合作伙伴,如跨界合作,不断地拓宽自己的流量边界和商业边界,进而获取更多的流量。

5. 数字化转型是关乎每个企业的事情

未来一定是数字化的时代,大部分事情都可以通过数据被量化,所以数字化转型不单单是个别企业的事情,而是所有企业都要做的事情。

4.2.2　未来行动

随着数字化转型的不断推进和优秀企业的探索性实践,数字化转型已经不再是一个新鲜的概念,它要回归商业本质,即解决问题和带来价值。数字化转型主要包括三方面的要素。

- 一套数字化运营的实践方法;

- 一个行业性的参考模型；

- 一系列基于价值与技术排序的量化目标，并与之匹配的解决方案。

我们以零售行业中最具代表性的服装零售业为例来讲解数字化转型。

服装零售业进行全渠道运营的核心内容之一就是控制库存，服装库存问题始终是服装制造商和服装零售商面对的难题。不管是国际大品牌，还是地方小企业，几乎都存在库存问题。换季打折和季节清仓销售是服装企业为了减少库存积压、清理库存常常采用的方法。库存问题通常是让一个服装企业倒闭的主要因素，原因有两个：第一，库存积压造成大量的资金积压；第二，服装产品是"非易腐"性的流行产品，它在销售季节末端的需求量会明显下降，所以它的价值也随之下降[59]。

服装零售商面对供应商不断推出的新款服饰，以及时尚消费者变幻无常的品位，选择能够热销并带来利润的商品越发不容易。服装零售商们必须预测消费者的需求，在不确定是否会流行的情况下提前下订单。消费者总是希望在刚刚换季时立刻有新货品可供选择，所以门店必须及时准备最新上市的完善的系列货品，并确保其拥有全色、全码、完整的价位。为了使门店的铺货能够更加精准地满足消费者需求，并有足量的库存保证销售[59]，服装企业现在一般会采取几种方法：一是试探，先将少量的新成品投放市场，试探销售情况，但这往往造成供与求的脱节，严重影响企业的盈利。二是提前销售，将服装的价格定为成本的数倍，这严重伤害了消费者的利益。三是季末打折销售，即保本或亏本销售，用季节前的销售盈利来弥补季节后的销售亏损。季节前与季节后的价格形成鲜明对比，造成消费者"被欺骗""等待""观望"等消费心理障碍。四是将陈年库存低价抛出。由于服装成品和服装面料具有鲜明的时尚特点，消费者凭一时的购买冲动购买的陈年库存品往往成为消费者衣橱里的"垃圾"，实际上却转嫁了服装成品的库存。五是将库存产品积压在仓库里，造成资源的极大浪费[60]。

随着信息化进程的加速，服装零售业早已进行信息化管理，因此许多服装零售企业都积累了一定量的数据信息。如何利用这些数据信息，已成为各服装零售企业关注的问题。为了合理控制库存，制订高效的采购计划和销售策略，从而减少企业运作成本、增加利润，许多服装零售企业开始意识到销售预测在企业中的重要作用。销售预测充分利用多年来积累的数据信息，根据服装零售企业的需求采用多维建模技术构建数据仓库，为未来的销售分析和智能补货做准备。此外，这些服装零售企业还利用大量的销售数据对未来采购、补货进行预测，这与传统的靠经验采购相比，大大地提高了精确性，从而做到精确化库存管理、提高库存周转率及增强资金流动性，实现利润最大化，完成"数据—信息—知识—行动—利润"的转化过程[59]。

4.2.3 未来新愿景

关于未来的数字化转型，还有很多例子可举。例如，近年来，"商品企划"

日益受到服装企业的重视，越来越多的企业在谈商品企划，越来越多的企业在转型升级中引进商品企划。中国服装行业发展到今天，已进入了品牌运作的阶段，国内服装品牌众多，已经能够满足国内市场的需求，市场竞争日益激烈。此外，现在国外很多服装品牌的进入，使服装行业面临的竞争压力更大。如何做好商品企划是目前服装企业面临的痛点[61]。

商品企划大致分为五个方面：商品波段规划、商品色彩规划、商品印花图案规划、商品品类结构规划、商品系列结构规划。

在做商品企划时，要先规划出整体核心逻辑，找到商品企划的切入点，包括过滤、清洗历史数据并对其进行深入分析，获得新一季度商品企划的切入点，并寻找各环节之间的因果关系链接，以此获得商品企划预测的基础信息和标准。

在适应"互联网+"升级的过程当中，"消费、技术、产业"三方面逐渐成为三股相互扶持的推动力，这三股推动力围绕着消费者体验，进一步推动了新零售的发展。"消费、技术、产业"这三方面的关系促进了"产业内从业人员、货物商品、市场场地"三方之间的融合，使企业进一步稳固自身的市场份额与内在优化。通过大数据所提供的便利，整个行业能够在一个更加贴近消费者需求的基础之上实现价值主张的转型，并且通过吸引更多的消费者来获取更加有力的核心竞争优势。在新零售的牵动之下，整个流通供应链产生了不可忽视的转变，所以必须通过更多的社会样本对这种转变的核心进行探究。最后发现，这种转变实际上是从"B2C"到"C2B"再到"C2M"的过程，整个运营模式的变化将更能够满足消费者的需求，并且为企业带来更大的利益。

通过对全渠道的客户需求、营销策略、数据资源、采购策略、零售终端及物流资源这几个方面的资源的整合、统筹，能够实现一个更加高效的运营体系。在新零售的发展过程中，我们发现流通供应链的利益分配也有了一定的变化，这种变化如果用比较简练的语言进行概括，那就是驱动力的方向发生了变化——从"推式"变成了"拉式"，这样的转变更加贴近其核心竞争优势，也就是以消费者为中心，通过大数据系统的建立，能够更好、更有效地对消费者的需求、消费习惯、消费导向进行完备的分析，从而在这个基础之上建立一个下游逆向推动上游的模式，让已有的整个流通供应链更加科学、合理。

为了在激烈的竞争中生存并蓬勃发展，企业需要进行数字化运营的变革。在过去的二十年里，我们经历了数字化运营从出现到走向成熟的过程，数字技术层出不穷，数字化运营将越走越远。

通过与云技术、认知技术、移动互联网和物联网等多种技术的结合，数字化运营优先从需求、用途和期望的角度重新思考企业与各种合作伙伴之间的关系。数字化运营帮助企业为消费者、合作伙伴、员工和其他利益相关方营造了富有想象力和吸引力的独特体验。

第 5 章

"践行"——全渠道案例解析

线上渠道与线下渠道的融合是零售业发展的必然趋势，这是零售行业的基本共识。全渠道零售的核心是"人""货""场"，所以全渠道的方案无非就是打通人、打通货、打通利益。零售企业需要把线上和线下的会员体系打通，把线上和线下的货打通，把线上和线下的利益分配均匀，才能实现线上的订单由线下发货、顾客通过线下体验在线上购买的目标，实现全渠道及新零售的运营。

伯俊运营团队为 3000 多家企业提供全渠道零售解决方案，包括奥康、红谷、玖姿、三枪集团、江南布衣、贵人鸟、太平鸟、GXG、犁人坊等。伯俊运营团队的总裁表示："全渠道是一种能力，不是一种结果。企业只要具备了在各种渠道之间自由切换的能力，就可以应对零售行业不断涌现的新渠道、新模式。真正的全渠道将会消除各种渠道之间的差异，为消费者提供同样的高品质服务。"下面将从几个方面介绍其中一家企业的全渠道构建路径。

在品牌线方面，据资料显示，在不到 10 年的时间里，该企业一共创造了 10 个子品牌，涉及男装、女装、童装、休闲运动装及家居服，生态链非常广泛，覆盖了人们衣着的各个方面。目前的品牌包含成熟品牌、成长品牌和新型品牌，且各品牌 100% 地参与全渠道。该企业在开始布局全渠道的时候，并没有纳入所有品牌，而是先让销售较好的成熟品牌参与，然后再融入成长品牌，最后加入新型品牌。所以，对所有企业而言，参与全渠道不是一蹴而就的，而是一步一步地推进的。

在终端门店的覆盖方面，该企业的 10 个子品牌共有 2000 多家门店，全渠道参与率几乎达到 100%。对于不同渠道的门店，无论是直营门店、加盟门店，还是商场店、街边店，都可被视为已参与全渠道。对于加盟门店或者商场店，它们进入全渠道的门槛较高，利益分配是重点和难点。这家企业的直营门店和加盟门店的数量在所有终端门店中的占比为 35% 和 65%，且加盟门店很支持全渠道，说明全渠道已经得到企业的每一个客户、每一家门店、每一个店员的拥护和支持。据统计，该企业超过 60% 的全渠道销售业绩来自加盟门店。

该企业是如何推进全渠道的？相比其他企业更关注是否开天猫旗舰店、淘宝店等电商策略，该企业早在 2014 年就开始布局全渠道。原先最基础的想法是希望把线上门店和线下门店的库存打通，发展更多的业务模式。当然，他们第一步是引进直营门店，然后才进行直营门店、联营门店、加盟门店等一系列的拓展。在最初立项时，该企业对相关项目做了评估，包括应该投入什么样的资源、投入多少资源，以及产生什么样的效果，并且指出全渠道涉及的部门、人员广泛，包括电商部门、零售部门、财务部门、物流信息部、销售部门和终端人员。

该企业还针对消费者做了一项调研：如果门店的商品缺色断码，消费者能否接受快递到家服务？结果显示 98% 的消费者是愿意的，说明该企业消费者的黏性比较好。在信息时代，消费者愿意接受互联网消费模式，这在无形之中给企业增强了推行全渠道的信心。

企业盈利的前提是尽可能地满足消费者的需求，对终端而言，货品就是核心，所以开展全渠道还面临着如何让终端门店养成把货品共享出去的思维习惯的问题。2014 年，该企业的终端门店库存紧张，店长对销售业绩产生迷茫，这对企业和终端门店来说都是很大的考验。该企业为了保证全渠道项目的进度，决定拿出一笔奖金去激励终端店长，目的就是让他们养成共享库存的思维习惯，实现"我帮他店发货、他店帮我卖货"的模式，让门店体会到参与全渠道的好处，从而积极支持全渠道。

在 30% 的直营门店推行全渠道将近一年以后，该企业开始向代理加盟商推广全渠道。该企业原先认为可以直接将直营的模式复制到代理加盟模式中，因为直营门店已经做出很好的销售业绩，甚至企业总部邀请优秀的直营门店的店长和代理加盟商在订货会上分享销售经验，阐述参与全渠道的利和弊，但是这能够打动代理加盟商吗？尤其是销售能力强，业绩突出的加盟商更不愿意参与全渠道，他们认为自己的业绩已经很好，不需要企业总部或者其他客户的帮助，况且代理加盟商参与全渠道还涉及订货、退货、结算分层等一系列的难点。恰逢 2015 年很多企业在微信上做小程序商场，定位是线上微商城，目的是帮助代理加盟商消化库存。而库存积压一直是企业的痛点，消化库存是客户希望实现的。该企业让商品人员把代理加盟商前一季的滞销款重新排行，再让运营人员组织模特进行街拍，在线上微商城安排秒杀活动，结果使代理加盟商的库存消化率达到了 78%。

所以，该企业的全渠道构建路径的第一步是缺货销售，打通参与门店的库存，实现货品共享。缺货销售就是消费者在 A 门店下单，但 A 门店没货，A 门店通过特别设计的派单规则，找到最适合的发货门店或者发货仓进行发货。缺货销售的目的是帮助代理加盟商、直营门店减少调拨次数和促进库存消化，以及提升消费者的购物体验。第二步是进驻天猫平台。2015 年，天猫上的商品主要由专供款、特供款构成，跟线下门店的商品仅有部分是同款。大多数企业把品牌的滞销款、过季款放到天猫上销售，这就是天猫原先的平台定位。当时天猫为了带动流量，选择一些企业做试点，通过了解和咨询，阿里巴巴知道该企业在 2014 年就已经开始实施全渠道。如果做线上业务和线下业务，该企业只需要接入新的渠道而已，技术层面和业务层面都已具备条件，所以该企业成功入选试点企业。为了把 O2O 项目做好，线上业务和线下业务都给企业注入了流量，只要是商场同款商品，当消费者通过手淘端搜索商品时，该商品被搜到的概率和排行就会靠前。因为线上和线下只有 20% 的商品是同款，该企业便把更多的线下商品共享到线上平台，最终该企业成功入围阿里"白名单"。该企业的全渠道项目进行得很顺利，不到两个星期便完成了。其中，原因一是伯俊运营团队为该企业提供了全面的技术支持，原因二是该企业在前期已经实现货品通、利益通，后面无论接入哪些线上平台，都只是接入新的渠道而已。

2016 年，该企业成功在香港上市，一家传统的服装公司在推行全渠道仅两年多的时间里，便以全渠道作为路演上市。当企业具备新零售或者全渠道的能力时，它的潜力被激发了，价值是翻番的。全渠道不仅能够帮企业提升业务适配的能力，还能够帮助企业提升应对未来风险的能力，以及和代理加盟商共生共赢的能力。

该企业在推行全渠道的道路上并没有停滞不前，而是朝着创新的模式发展。2017 年，微信支付已经非常普及，该企业一直在思考如何做到消费者想要什么，商家就能给消费者匹配相应的商品。于是他们做了一个最粗浅的雏形，安排商品搭配师给消费者做他们想要的服装搭配，并一同寄给消费者。如果消费者喜欢就把商品留下，并在线支付尾款，不喜欢就原路退货，且快递费用由该企业承担。商品搭配师根据后台的消费者行为数据进行衣着搭配，这也是当下大数据的价值的体现。后来，该企业根据这个购物场景，在 2018 年升级推出了小程序。小程序的理念来自美国营销的一种订货模式：孩子打开盒子永远有惊喜。这个小程序需要消费者花199 元成为会员，获取每年 6 次免费享受小程序服务的机会。小程序包含的服务有一对一专属导购，导购会根据会员的喜好提供 6 次免费的搭配服务，如果消费者喜欢搭配的商品，就在线付款，不喜欢就退回商品，快递费用由该企业承担。该企业通过小程序取得了不错的业绩，在前三个月便创造了 100 万元的销售额。虽然小程序带来的业绩在整体业绩中占比很小，但是小程序的推出打破了原有"人找货"的模式，实现了"货找人"营销方式的创新。

总结起来，该企业全渠道项目的核心要素包括：

- 货品全渠道。通过内淘宝项目，将门店的缺货销售做到极致，按照直营、联营、加盟的步骤推进。

- 场景多样化。先实行缺货销售，2015 年开通了微商城，通过微商城的方式，帮助代理加盟商消化掉库存，帮助客户做整体的利益盘活，目的是让代理加盟商全心全意地参与全渠道。

- 会员营销。通过微信进行会员引流，打破传统的"人找货"模式，探索创新营销理念，实现"货找人"模式。

- 全域全渠道。全渠道体系包括信用体系，积分体系，培训推广、数据运营等多项内容。未来的趋势是精准化营销，通过数字来帮助企业实现未来零售业绩的增长。

最后，我们通过数据来呈现该企业推行全渠道的效果。

- 全渠道零售占比高达 20%，零售占比是全渠道销售业绩占企业整体零售业绩的比重。企业全渠道零售占比的行业平均水平为 8%～20%，该企业已远超其他企业。

- 全渠道销售业绩的发力点仍然是线下渠道。在全渠道销售业绩中，线下渠道的贡献率为 70%，线上渠道的贡献率为 30%。

- 该企业在全渠道上线 6 年来取得的销售业绩为 35 个亿，其中代理加盟商的贡献率高达 60%，销售业绩持续增长是代理加盟商积极拥护全渠道的关键原因。

- 全渠道运营中包含销售业绩、发货时效、拒单率、退货率、云指等多个维度数据指标，其中云指是一个重要指标。云指是来自伯俊运营团队的全渠道系统——云仓的销售指数，反映的是通过全渠道（所有场景、所有渠道、所有店铺）平均每天每家门店多卖出的商品数量。云指是衡量企业门店的销售能力的指标，计算公式为云指 = 销售量 / 运营天数 / 门店数量。目前伯俊运营团队的客户超过 100 家，女装行业的平均云指为 0.8，而该企业的云指高达

1.8，超过行业平均水平 125%。

- 库存消化率提升 6%。该企业在上线全渠道后，库存消化率已经达到 69%（行业平均水平为 58%~65%），远超行业平均水平。全渠道不仅带来了库存消化率的提升，还带来了商品周转效率的提升。

上述数据透出两点内容需要大家注意。

其一，如何判定是全渠道帮助企业带来销售业绩的提升而不是企业本身的零售业绩在增长？近 5 年来的统计数据显示，该企业的零售业绩每年呈现两位数的增长速度，甚至在 2017 年同比高达 20% 以上，全渠道的销售业绩年均同比增长 40%，可见，全渠道与零售业绩之间是互相促进的关系。其二，在新型冠状病毒肺炎疫情防控期间，该企业的全渠道销售业绩中出现线上的业绩反超线下的现象，全渠道销售业绩高达 2000 万元，且 75% 来自线上渠道，尤其是微商城渠道的销售业绩较为突显。可见，全渠道打通人、货、场能够适应当下时局的变化，企业不会在单一渠道受到冲击时面临瘫痪。

综上所述，不管是为了整个的战略布局，还是为了让企业适应未来的发展，上线全渠道势在必行。如果现在还没有上线全渠道，我们认为已经晚了。因为无论是社区化营销，还是阿里巴巴提倡的数字化运营，它们的基础都是人、货、场的打通，也就是全渠道，所以说全渠道是一个根基，如果现在连根基都没有，更不要说去做数字化运营了，连消费者运营都只是一个概念。

参考文献

[1] 李飞，李达军，孙亚程 . 全渠道零售理论研究的发展进程 [J]. 北京工商大学学报：社会科学版，2018，33(5)：33-40.

[2] Riby D. The Future of shopping[J].Harvard Business Review, 2011, 12：64-75.

[3] 达雷尔·里格比 . 购物的未来 [J]. 商业评论，2012，1：73-85.

[4] 齐永智 . 消费需求驱动的多渠道零售对顾客忠诚影响研究 [D]. 北京：首都经济贸易大学，2017.

[5] 李飞 . 全渠道零售的含义、成因及对策：再论迎接中国多渠道零售革命风暴 [J]. 北京工商大学学报：社会科学版，2013，2：1-11.

[6] 亿欧智库 . 新零售的概念、模式和案例研究报告 [R]. 2018.1-95.

[7] 尹军琪 . 全渠道下物流系统建设：全渠道下物流配送中心的建设 [J]. 物流技术与应用，2015，7：90-93.

[8] 便利店老板内参.从全渠道到新零售——传统零售的进阶之路 [DB/OL].（2017-01-11）.http://m.sohu.com/a/123999584_491588.

[9] 郭馨梅，施珊珊.电商渠道与实体零售渠道融合发展的主要模式与对策 [J].商业经济研究，2017(4)：13-16.

[10] 王国顺，何芳菲.实体零售与网络零售的协同形态及演进 [J].北京工商大学学报：社会科学版，2013(6).

[11] 孟永辉.追风者退潮，造风者起舞：新零售深水区的考验 [DB/OL].(2019-08-20). http://finance.sina.com.cn/other/lejunews/2019-08-20/doc-ihytcitn0444797.shtml.

[12] 高道友.全渠道战略背景下的零售商业模式创新 [J].商业经济，2016(12).

[13] 高凯.移动互联网背景下零售商业模式创新路径分析 [J].商业经济，2017(12).

[14] 刘煜，刘遗志，汤定娜.互联网时代零售企业构建全渠道商业模式的探讨 [J].北京工商大学学报：社会科学版，2016(6).

[15] 刘长鑫.全渠道建设分享:传统零售的"乐"与"路"[J].信息与电脑，2014(7).

[16] 齐永智，张梦霞. 全渠道零售：演化、过程与实施 [J]. 中国流通经济，2014(12).

[17] 巩丽，姜卫. 基于渠道管理的经营性营运资金协调性研究 [J]. 会计师，2014(01).

[18] 东方资讯. 全渠道的道与术—道（二）：传统品牌零售企业如何启动全渠道运营 [DB/OL].（2018-05-16）. http://mini.eastday.com/a/180516113414754.html.

[19] 李飞. 全渠道营销—全渠道营销：一种新战略 [J]. 清华管理评论，2015(1)：30-39.

[20] 新零售突击队，全渠道的道与术—道（二）：传统品牌零售企业如何启动全渠道运营 [DB/OL].（2018-5-15）. https://www.iyiou.com/p/72500.html.

[21] 吴涛. 新零售团队的组织结构设计方法论 [DB/OL].（2017-11-09）. http://m.sohu.com/a/203266304_114819.

[22] 中国食品全产业链. 新零售：企业要实现六大重构 [DB/OL].（2017-11-17）.http://www.sohu.com/a/205010991_100038518.

[23] 母婴行业观察. 深度干货：一个新品牌的全渠道运营策略 [DB/OL].

（2017-11-04）. https://www.sohu.com/a/202385832_182907.

[24] 赵树梅，徐晓红. "新零售"的含义、模式及发展路径 [J]. 商业经济，2017(5)：12-16.

[25] 田瑞佳，张优美. "新零售"业态发展的前景及机遇分析 [J]. 商业经济，2018(51)：121.

[26] 搜狐网. 全渠道零售——商场店的风险与协调 [DB/OL].（2017-11-28）. http://www.sohu.com/a/207149299_721348.

[27] 沈春泽. 三场景说透人工智能如何赋能新零售 [DB/OL].（2019-08-21）. http://finance.sina.com.cn/roll/2019-08-21/doc-ihytcitn0835269.shtml.

[28] 石志红. 全渠道零售视角：传统零售企业渠道整合水平研究 [J]. 商业经济研究，2018(10)：36-39.

[29] 阎睿悦. 百果园拓展全渠道模式，线上销售额突破 20 亿元 [DB/OL].（2018-12-21）. http://www.sohu.com/a/283515374_185494.

[30] 艾瑞网. 嫁接分销商，品牌全渠道运营之路探索 [DB/OL].http://report.iresearch.cn/wx/news.aspx?id=191499.

[31] 百胜研究院. 电子商务环境下分销渠道建设 [DB/OL]. http://blog.sina.com.cn/s/blog_c043903b0101k6qn.html.

[32] 消费日报社.消费经济：从概念到实践——首届中国消费经济高层论坛成果汇编 [M].北京：中国轻工业出版社，2007.

[33] 沈璇.电子商务环境下的消费者行为研究 [J].商场现代化，2018(12)：9-10.

[34] 鲍跃忠.2018 年新零售的关键与机遇 [J].中国房地产：市场版，2018(2)：17-20.

[35] 巩少伟.符号误读与消费文化趋同化 [J].北方论丛，2019(6)：136-138.

[36] 王玲.服装 O2O 双渠道零售决策与协调 [D].上海：东华大学，2017.

[37] 互联网头条：中企动力.全渠道电商 https://www.300.cn/toutiao/t_9976.html.

[38] 范丽君.论全渠道零售对电商物流的影响 [J].物流技术，2014(11)：24-27.

[39] 张彤.全渠道零售模式下物流需求变化及应对策略 [J].中国市场，2018(1)：104-106.

[40] 楼永俊.4Cs 理论视角下的全渠道零售发展策略 [J].商业时代，2014(7)：23-24.

[41] 王丽丽. 电子商务环境下的消费者行为研究 [J]. 电子商务，2018(10)：38-39.

[42] 百胜研究院. 电子商务环境下分销渠道建设 [DB/OL]. http://blog.sina.com.cn/s/blog_c043903b0101k6qn.html.

[43] 陈雪阳，刘建新. 基于顾客忠诚的顾客资产及其管理研究 [J]. 科技管理研究，2007(5)：109-112.

[44] 杜婉音. 全渠道营销中消费者购买行为协同性研究 [J]. 商业经济研究，2017(23)：43-45.

[45] 赵彦云. 如何提升中国企业的国际竞争力 [J]. 开放导报，2002 (10)：22-23.

[46] 范志刚. 制造业如何应对新零售 [J]. 互联网经济，2017(7): 48-51.

[47] 李莉. 探究人力资源管理绩效考核机制 [J]. 大科技，2015(4): 285-286.

[48] 宋炳方. 与政府官员谈地方金融 [M]. 北京：经济管理出版社，2005.

[49] 王天阳. 企业人力资源培训体系构建研究 [J]. 企业改革与管理，2015(6)：79-79.

[50] 培训讲师体系建设 [OL].（2017-6）. https://max.book118.com/html/2017/

0613/114512543.shtm.

[51] 苏利群 .GX 职业技术学校 "80 后" 教师激励研究 [D]. 南宁:广西大学,
2011.

[52] 张明 .T 物流企业培训体系的研究 [D]. 大连 : 大连海事大学, 2012.

[53] 刘翠，高有鹏 . 全渠道零售发展问题研究 [J]. 科技创业月刊,
2014(3) : 55-56.

[54] 高海余 . 试论企业制度化建设在企业发展中的地位 [J]. 经济师,
2014(3) : 277.

[55] 王立国，陈坤 . 标杆管理 : 组织提高绩效的利器 : 对标杆管理的再认
识 [J]. 技术经济与管理研究，2005(4) : 71-72.

[56] 张建军，赵启兰 . 面向新零售的全渠道供应链整合与优化 : 基于服务
主导逻辑视角 .（2019-4）http://www.cqvip.com/QK/96096A/ 201904/
7001742853.html.

[57] 英迪国际科技 . 人仁利购新零售商城 [DB/OL].（2018-07-26）. http://
www.sohu.com/a/243497570_100216003.

[58] 沈志勇 . 传统产业全渠道模式的利益分配机制难题 [DB/OL].（2016-12-
05）. http://www.emkt.com.cn/article/ 653/65306.html.

[59] 易晓瑾 . 面向服装零售业的智能补货系统 [D]. 上海：复旦大学，2012.

[60] 杨沙沙 . 基于供应链环境下的服装企业库存管理研究 [D]. 北京：北京服装学院，2012.

[61] NewtonFashionMBA. 商品企划的八大步骤 [DB/OL].（2017-11-01）. http://www.sohu.com/a/201565683_165955.